번역에 멍들고
ESL로 상처받은
한국인을 위한

깨는영어

번역에 멍들고 ESL로 상처받은
한국인을 위한 **깨는영어**

초판 발행 | 2013년 9월 30일

글쓴이 | 차석호
발행인 | 현영덕

발행처 | 도서출판 YOUNG
주 소 | 경기도 고양시 일산동구 백석동 1324 동문굿모닝타워 2차 1005호
전 화 | 031)904-7905~6

ISBN 978-89-92843-60-7 13740

정가 18,000원

번역에 멍들고
ESL로 상처받은
한국인을 위한

깨는영어

차석호 지음

지은이의 말

영어, 이만큼 쉬울 수는 없다!

이 책은 "모든 언어는 쉬울 수밖에 없다"는 지극히 평범한 진리를 바탕으로 합니다. 세상에 존재하는 모든 언어는 자손을 통해 수천 년의 세월을 이어갑니다. 따라서 언어 학습의 대상은 아이들이라는 점에 주목해야 합니다. 즉, 말이란 갓난아기도 몇 년이면 익힐 수 있을 만큼 쉽고 단순해야만 한다는 뜻입니다. 우리가 어렵고 힘든 대상으로 인식하는 영어도 실제로는 체계가 지극히 단순하기에 수백 년의 역사 동안 그 많은 사람들이 편하게 사용할 수 있었습니다. 만약 영어가 흔히 하는 말처럼 '똑똑하고 끈기 있는 사람들'만을 위한 것이었다면 지금과 같은 세계 공용어가 될 수 없었을 뿐만 아니라 이미 소멸되고 말았겠지요.

세상에 존재하는 거의 모든 영어 학습법이 한국에 있다고 해도 과언이 아니지만, 지금까지도 이렇다 할 성과는 보이지 않습니다. 상상 가능한 모든 영어 학습법이 출현하고 사라지기를 반복하지만, '토익 900점의 벙어리'라는 가슴 아픈 현상은 여전히 지속되고 있습니다. 그리고 앞으로도 큰 변화를 기대하기 어려워 보입니다. 더 슬픈 일은 기대가 없으면서도 영어 공부를 손에서 놓을 수 없는 우리의 현실입니다. 시간과 노력을 투자하는데도 이처럼 성과가 없는 이유는 무엇일까요? 그것은 바로 공식으로 만들어 암기만을 강요했던 일본식 영문법 그리고 무분별하게 도입된 E.S.L.에 그 원인이 있다고 감히 단언합니다. 모든 학습이 그렇듯이 언어도 이해가 선행되지 않은 채, 규칙과 단어만 암기해서는 그 불편이 해소되지 않습니다. 그러기에 이 책은 기존의 학교 문법과 미국인의 어법을 비교해서 이해하도록 구성되었으며, 영문법에 서툰 학습자에게는 암기하지 않고도 소통적 영어를 쉽고 빠르게 습득하는 방법을 제시합니다.

영어 능력을 자동차 운전에 비유한다면, 지금껏 우리는 자동차 정비에 관한 지식을 습득하면서 운전을 배운다고 착각했다고 말할 수 있습니다. 세계적인 수영선수가 되겠다는 꿈을 품은 청년이 수년간 도서관에 앉아 수영에 관한 책을 수십 권 암기하고, 물에 들어갈 때마다 '왜 수영이 잘 안

되지?'라며 의아해하는 것과 다를 바 없습니다. 이 책은 일반적인 영문법 책과 달리 브레이크의 종류나 엔진의 다양한 성능을 설명하지 않습니다. 다만 운전에 필요한 기능들, 요컨대 브레이크와 액셀의 효율적인 사용법 그리고 안전하게 운행하는 방법을 담고 있습니다.

운전을 못하는 유능한 정비사가 운전을 제대로 가르칠 수 없는 것처럼, 학문적으로만 영어를 접해 온 교사들과 부모의 깨달음이 절실합니다. 그래서 책 말미에 본문과 어울리지 않는 '가르치는 이를 위한 이야기'를 짧게 첨가했습니다. 원고를 넘기며 적지 않은 아쉬움이 남는 것도 사실이지만, 어휘에 대한 부분은 차후에 보충하기로 위안을 삼습니다. 무엇보다 이 책을 통해 많은 학습자들이 정형화된 영어 공부에서 벗어나 노력한 만큼의 결과를 얻으리라는 생각에 나름 마음이 푸근합니다.

20년 남짓 강의를 하면서도 영어 규칙에 대한 책을 낼 생각을 하지 못했는데, 캐나다에 있을 당시 집필의 계기를 마련해 준 ㈜서울셀렉션 김형근 사장님과 어법뿐만 아니라 표기법 집필에도 채찍과 당근으로 이끌어 주신 사법연수원의 양경승 부장판사님께 감사드립니다. 그리고 구성에 도움을 주신 아시아나 항공의 김상경 차장님, 인성메디칼 이해광 연구소장님, 국립 암센터 김영우 박사님, 교보문고 황부현 팀장님, EBS Radio 신상민 차장님, 삼성병원 송상용 박사님, 아주의 윤보용 상무님과 EVA 님, 김승균 일산 서구청장님, 일산 식사지구 차덕영 회장님, 대승의료기 노재학 대표님, 이노비즈협회 이영조 부회장님, UZIP사의 이승철 대표님 그리고 연구소의 임현숙 교수와 정석금 님에게 고마운 마음을 전합니다. 또한 부족한 글 솜씨를 빛내준 이정환 편집장님, 디자이너 손주희 님과 함께한 기쁨도 잊을 수 없습니다.

2013년 종로에서,

차석호

Contents

3 읽기와 듣기

가르치는 이를 위한, 작은 조언

PART 1

BASIC GRAMMAR

기본 어법

Prologue

강의를 하다 보면 "어떻게 이런 규칙을 발견했느냐"는 질문을 많이 받습니다. '기본 어법'에 수록된 내용을 보시면 알겠지만, 우리가 지금까지 배웠던 일본식 문법과는 전혀 다른 모습에 신기해하는 분들이 많습니다.

이런 어법적 규칙에 대한 연구는 큰 아픔에서 시작됩니다. 1970년대 대학 생활이 학업과는 거리가 좀 있었다고는 하지만, 그래도 몇 년간 영문학을 하다가 유학길에 오른 참이라 영어에 대한 저의 자신감은 대단했었습니다. 그런데 어느 날, 영국의 한 항구에서 그 자신감은 눈물로 변해 버립니다. 어쩌면 그리 단 한마디도 통하지 않았는지 모릅니다. 세관에서 묻는 말이야 뻔한 이야기들인데, 제가 하는 말도 그들의 말도 서로에겐 말 그대로 이상한 소리일 뿐이었습니다.

등을 흥건히 적신 땀 다음엔 눈물이 흐르더군요. 오래전 일이라 분명한 기억은 없지만, 거의 밤새 울었던 것 같습니다. 젊은 차석호의 마음에 분노가 일었습니다. 내게 영어를 가르친 분들에 대한 울분이랄까, 정말 참

담한 심정이었습니다.

영어 어법에 대한 연구는 그런 분노와 부끄러움에서 시작되었습니다. 젊은 혈기에 저의 부족함을 탓하기보다는 지금껏 애써 온 영어가 잘못된 것이라는 생각이 컸습니다. 그리고 30년 남짓한 나만의 공부에서 철없던 당시의 생각이 옳았다는 것을 스스로 증명할 수 있었습니다.

지금도 불과 4-5개월 만에 영어를 편하게 해준다고 공언하는 강의는 제 강의밖에 없습니다. 물론 고등학교 졸업자 이상이라는 단서가 붙기는 하지만, 이런 획기적인 결과에 도달할 수 있는 교수법의 바탕이 바로 이 어법입니다. 모두가 잘 알고 있는 영문법을 되짚기 때문에 짧지 않은 설명이 이어지지만, 번역하지 않고 영어를 말하는 규칙들이 여러분을 기다립니다.

캐나다에 가 봤어?

— 완료

먼저 영어를 쓰거나 말할 때, 자주 사용하지 않는 형태부터 살펴봅시다. 일반적으로 크고 작은 부담 때문에 수동태나 완료형 활용 빈도가 많이 떨어지는데, 단순히 덜 사용한다기보다 잘 몰라서 쓰지 못하는 것은 아닌지도 생각해 볼 일입니다. 때로는 영어의 완료 형태가 우리말에 없다고 가르치는 경우까지도 보게 되는데, 가르치는 사람 자신도 구식 문법의 "어느 시점부터~" 식으로 암기한 결과를 전하고 있는 거지요.

자신의 의도를 영어로 표현할 때, 많은 분들이 문법 지식에 의도를 끼워 맞추려 노력합니다. 예를 들어, '현재 일어나고 있는 상황'을 표현하려는 의도가 있다고 합시다. 그러면 그 의도를 구체화하기에 앞서, 진행형을 사용해야 한다는 생각으로 'be -ing'라는 문법 형태를 먼저 떠올린 다음에 그 공식에 아는 단어를 대입하는 형태로 문장을 꾸미는 것이 보통입니다. 이렇듯 문법 공식으로 익혀온 영어 지식들 중에, 완료형처럼 충분히 이해하지 못한 표현 방식은 결국 일상에서 사용될 기회조차 없었다고 해도 과언이 아닙니다. 따라서 앞으로는 나타내고자 하는 의도를 먼저 확정하고, 그에 적합한 영어 표현을 생각하는 순서로 훈련하는 방법이 바람직합니다.

완료는 우리말의 '오다(왔다)', '보다(봤다)'에 해당하는 말입니다. 예를 들어 "캐나다에 가 **봤어**?"라는 말은 캐나다에 갔던 **경험**이 있느냐를 묻고 있습니다. 또한 "자네들과 너무도 행복하게 지내 **왔지**"라는 말도 누군가와 행복한 시간을 **지속**적으로 보냈다는 표현이죠.

이렇게 경험이나 일정 기간 지속된 행위를 표현할 때 우리말에서도 '보다'나 '오다'라는 말을 빌려다 씁니다. 이 말들에는 그 자체로 "눈으로 인식하다"와 "내게로 혹은 이 방향으로 옮기다"라는 고유의 의미가 있지만, 다른 동사와 어우러지면서 언어의 또 다른 맛을 내고 있습니다. 말하자면, "사랑해 봤어?"를 "사랑하는 것을 눈으로 보았느냐?"라고 이해하거나 "그동안 잘 해 왔어"라는 말을 "무언가를 잘 해서 이리로 왔다"로 알아듣는 사람은 아무도 없다는 거지요.

"캐나다에 갔던 경험이 있어?" 대신에 "캐나다에 가 봤어?"라고 묻는 데서 '보다'라는 동사가 경험과 관련되어 사용된다는 사실을 확실하게 알 수 있습니다. 이런 현상을 영어에 대입하면 완료가 무엇인지 분명해집니다. 영어도 경험과 지속에 관한 표현에 '**Have**'라는 단어를 사용하는 것뿐이니까요. 캐나다의 여가수 셀린 디옹의 히트곡 중에 〈Have you ever been in love〉라는 노래가 있지요. 여기서 "Have you been in love?"라는 문장은 "Did you experience being in love?"나 "Do you have an experience being in love?"와 비슷한 말입니다. 이 세 문장의 의미가 비슷하다고 말하는 이유는, 우리말로 바꾸어 보면 작은 느낌(뉘앙스)이 다르기 때문입니다. 참, 원래 노래 제목에 있던 ever는 신경 쓸 것 없습니다. ever, just, already, never, since, before 등의 어휘와 함께 사용된다고 의미가 달라지지는 않으니까요. 그저 완료가 뜻하는 기본적인 의미를 보다 분명히 하는 것에 불과하기 때문입니다.

Have you been in love? **당신은 사랑을 해 봤나요?**

Did you experience being in love? **당신은 사랑하는 경험했나요?**

Do you have an experience being in love? **당신은 사랑 경험이 있나요?**

Have you ever been in love?

사실 예문에서 첫 번째 Have와 세 번째 Have의 의미가 어떻게 다른지 분명하게 안다면, 작은 의미 차이에 연연할 필요는 없습니다. 한국어 표현이 맞는다면, 누구도 작은 차이를 두고 시비를 걸지는 않을 테니까요. 다만, 우리말에서도 첫 번째 표현이 많이 사용되듯이 영어 원어민들도 당연히 완료 형식을 부드럽게 느낀다는 사실만 기억하면 됩니다.

완료는 우리말의 두 가지 표현에 부합됩니다.

1. —해 봤어
2. —해 왔어

물론 1항의 의미는 '—해 버렸어'라는 표현으로도 사용되고, 2항은 '—해 오고 있어(have+been+-ing)'의 형식으로도 쓰인다는 점을 잊어선 안 되겠죠. 아래에 나오는 예문들을 보면서 각각의 느낌에 친숙해지도록 해 보세요.

—해 봤어	—했어
I have written a book.	I wrote a book.
I have just written a book.	I just wrote a book.
I have never written a book.	I didn't write a book.

—해 왔어	—했어
I have written a book since 6.	I wrote a book, when I was 6.
I have been writing a book.	I am writing a book.
I have been trying to write a book.	I am trying to write a book.

숙제 다 했어	I finished my homework.
벌써 숙제 끝냈어	I already finished my homework.
일찌감치 숙제 해치웠어	I have already finished my homework.
숙제를 끝내 본 일이 없어	I have never finished my homework.

아침 먹었어	I had breakfast.
아침은 늘 먹지	I have had breakfast.

아침은 챙겨 먹은 적이 없어	I have never had breakfast.
그 여자, 봤어	I saw her.
그 여자, 3년간 봐 왔지	I have seen her for 3 years.
그 여자, 두어 번 보았었어	I have seen her couple of times.
그 친구들, 세 시간이나 수다 떨었어	They talked each other for 3 hours.
그 친구들, 세 시간째 수다 떨고 있어	They have talked each other for 3 hours.
그 친구들, 세 시간 정도 얘기한 적은 없어	They haven't talked each other for 3 hours.

따라서 "He has tried to be a doctor"라는 문장은 "그는 의사가 되기 위해 노력해 봤어" **또는** "그는 의사가 되기 위해 노력해 왔어"라는 뜻이 됩니다. 이는 앞서 설명한 것처럼 영어의 'Have'에 우리말의 '오다'와 '보다' 두 가지 의미가 모두 있기 때문인데, 마치 'Be' 동사에 '있다'와 '이다'라는 두 종류의 의미가 있는 것과 같은 불편입니다.

흔히 이러한 구별을 대화 내용에 따라 판단해야 한다고 말하지만, 실은 상황에 따라 그 내용이 달라진다고 할 수 있습니다. 캐나다에 살고 있는 연수생에게 묻는 "How long have you been in Canada?"라는 질문은 **지속을 나타내는** "캐나다에서 얼마나 지내 **왔어**?"라는 의미이고, 한국에서 만난 캐나다 출신 강사에게 건네는 "I have been in Canada for 6 months"라는 말은 **경험을 표현하는** "캐나다에 6개월 있어 **봤지**"라는 뜻이 됩니다. 즉, 지속과 경험의 차이는 대화의 앞뒤를 살피기보다는 **대화 시점을 기준으로**

생각하면 간단합니다.

물론 영어도 우리말처럼 점차 진화하면서, 표현의 이런 애매함을 보정하려 한 결과 소위 완료 진행이라는 형태가 나타나고 있기도 하지요. 굳이 우리말로 하자면 "캐나다에 6개월간 머물고 있어"와 같은 표현으로 "I have been staying in Canada for 6 months"라는 말을 쓰는데, 영어 원어민에겐 "I have been here for 6 months"와 다를 바가 전혀 없습니다.

보다 분명하게 이해하기 위해 연습을 해 볼까요? 완료에 대해 이해하고 있다면, 불과 10개 정도의 어형을 훈련하는 것으로 충분합니다. 이런 연습을 할 때 중요한 점은 **느껴야 한다**는 것입니다. 마치 학창 시절에 했듯이 능동을 수동으로 바꾸는 기계적인 노력으로는 아무런 결과도 얻을 수 없습니다. 현재형과 완료형의 대비를 훈련하면서, 어법이 갖는 고유한 느낌에 치중해 봅시다.

Live	He lives in Seoul.	He has lived in Seoul.
See	I	I
Try	You	You
Go	She	She
Come	They	They
Be	I	I
Know	You	You
Write	She	She
Talk	He	He

이제 과거 완료에 대해 궁금해할 때가 되었네요. 현재 완료가 과거로부터 지금까지의 경험이나 지속된 행위를 표현하는데, 왜 과거 완료가 필요한지 의문이 들겠죠. 단순히 대과거라는 개념으로 이해하고 있지만, 과거 완료는 현재 완료보다 앞선 경험 등에 지속된 행위의 표현입니다. "I have lived U.S., I had been in E.U."라고 하면, 지금 미국에 살아오고 있으며 그 전에는 유럽에 거주한 경험이 있다는 얘기입니다. 만일 여기에 "I am living in Korea"라는 말을 덧붙인다면, 지금 한국에 살고 있고 미국에도 살아 봤고 그 전에는 유럽에 살아 본 일이 있다는 말이 되는 것이죠.

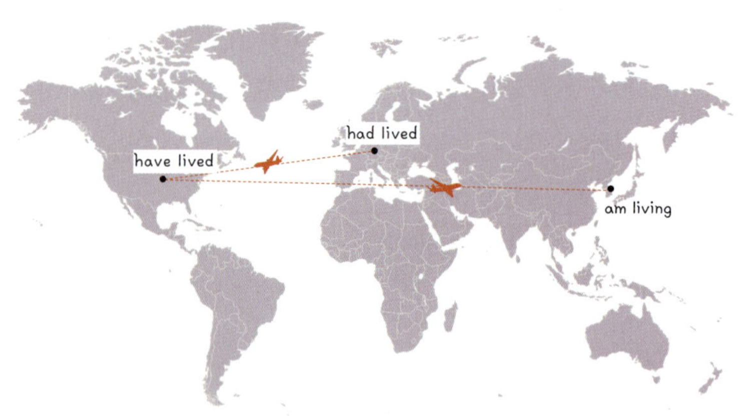

과거의 경험이라도, 과거 시제와 함께 사용될 때는 현재 완료로 충분합니다. "I have never had a dream until I met you"와 같이 당신을 만나기 전까지는 꿈을 가져 본 적이 없다고 말할 때에는 경험을 나타내는 현재 완료만으로도 표현이 가능하다는 것이지요. 따라서 과거 완료는 **현재 완료보**

다 이전에 발생한 경험이나 행위의 지속을 나타내고자 할 때 사용하면 됩니다.

물론 과거 완료 자체로만 사용되는 수도 있습니다. "I have loved her"는 그녀를 사랑해 본 경험이 있거나 지금까지 사랑하고 있다는 표현인 데 반해, 만일 "I had loved her"라고 쓴다면 예전에 그녀를 사랑해 봤거나 사랑해 왔었지만 지금은 전혀 무관하다는 말이 됩니다. 우리말로 하면 "그녀를 사랑했었었었지" 정도의 말이라고나 할까요?

이렇게 과거 완료와 현재 완료의 표현이 있다는 것은 미래 완료가 존재함을 암시하기도 합니다. 이것은 "I will have enjoyed next summer vacation"에서 보듯이 **미래에 나타날 경험**을 표현합니다. 굳이 우리말로 한다면, "내년 여름휴가는 확실히 즐겁게 보낼 거야" 정도가 되겠지요. "다음 여름휴가를 즐길 거야"라는 의미의 "I will enjoy next summer vacation"과 비교해 보세요.

언어는 규칙에 의존해서 유지된다는 대전제를 잊어서는 안 됩니다. 여러 가지 이유로 말이 규칙에서 벗어나는 경우가 많은 것도 사실이지만, 그렇다고 불규칙을 우선적으로 익혀서는 정상적인 언어생활을 할 수 없습니다.

'부엌'처럼 드물게 ㅋ이 사용되는 경우를 먼저 익힌 아이들은, '각막'이나 '박색'을 문자화할 때에도 ㄱ인지 ㅋ인지 생각해 보는 습관이 생길 수도 있습니다. 우리 대부분이 영어 사용에 불편을 느끼는 것도, 실은 시험 때문입니다. 학습 능력의 변별력을 높인다는 이유로, 언제나 불규칙만 출제되었으니까요. 강조컨대 언어는 규칙이고, 문법을 익히는 이유는 말의 규칙을 숙지하기 위해서입니다.

다음의 표는 중학교 수준의 학생도 고개를 돌릴 만한 너무도 당연한 내용입니다. 누구나 이미 알고 있는 완료 표현 방식이지만, 실제 상황에 편하게 적용하지 못하는 부분이기도 합니다. 앞서의 설명은 완료에 대한 단순한 지식적 충족을 실제 여러분 자신의 것으로 만드는 과정입니다. 경험적 의미를 가슴으로 느끼면서 한 줄씩 소리 내어 읽음으로써 가까운 장래에 완료 표현을 구사하는 자신을 발견하게 될 것입니다.

I	have accepted.	had accepted.	will have accepted.
We			
You			
They			
He	has accepted.		
She			
It			

I	have brought.	had brought.	will have brought.
We			
You			
They			
He	has brought.		
She			
It			

시간으로 묶인 말

—분사

앞서 살펴본, 현재 완료의 행위적 개념은 과거에 국한됩니다. 살아 봤다든가 먹어 온 것은 이미 그 행위의 시작점이 과거이기 때문에, Have의 시제가 비록 현재형이라도 사용되는 동사는 분사의 형태로 과거를 지칭하고 있지요. 우리말의 예로 보아도, "사랑해 봤어"라는 말은 과거에 사랑했던 경험을 현재 가지고 있다는 뜻입니다. "사랑해 왔어"는 사랑하는 행위를 과거부터 지금까지 하고 있다는 말이기 때문에, 결국 행위의 시점은 과거이므로 당연히 과거 분사가 사용됩니다.

여기서 잠시 과거 분사에 대한 얘기를 해야 하는 이유는, 우리 대부분이 너무 형식적인 과거 분사에 얽매여 정작 그 의미를 잘 모르는 채 도식적으로 사용하고 있기 때문입니다. 게다가 그 정도가 너무 심각해서 p.p.라고 하면 자동적으로 과거 분사를 떠올리지요 물론 Past Participle의 약자도 분명 p.p.이지만, 현재 분사(Present Participle)도 p.p.로 표기된다는 사실은 너무 뒷전으로 밀려나 있는 겁니다. 이는, 분사가 무엇인지 명확하지 않은 상태에서 마치 수학 공식처럼 'have+p.p.' 혹은 'be+p.p.'를 외쳐 온 결과입니다. 특히 'be+p.p.'는 진행형의 모습일 수도 있는데, 무작정 수동태라고 고집스레 암기해 온 것은 지양되어야 할 부분이 분명하지 않을까요?

더욱이 '과거 분사'는 아는데 '분사'라는 말의 뜻이 무엇이냐고 물었을 때 즉시 대답하는 사람이 적다는 점에서, 공식화된 영문법의 한계를 절실하게 느낄 수 있습니다. 아마 여러분도 분사에 대한 정의가 쉽지 않을 겁니다. 황당한 예지만, '학교생활'은 아는데 '생활'이 뭐냐고 물으면 우물쭈물 대답하지 못하는 현상에 비견되는, 가히 희극적 상황이기도 하지요. 하긴 우리나라에서 영어 강사로 활동하는 외국인의 99퍼센트가 Participle을 제대로 설명하지 못한다는 사실에 비하면, 크게 놀랄 일은 아닐 겁니다.

분사란 한자의 '나눌 분(分)'을 사용해서 **시간적으로 구분된 행위**를 뜻합니다. 그래서 앞서 살펴본 현재 완료도 지금의 상황이 과거 행위와 연계되는 경우 등에 쓰이는 것이라고 설명할 수 있습니다. 현재 분사나 미래 분사도 단순한 상황이 아닌, 시간적인 표현에 활용하기 위해 존재하는 것이지요. 쉽게 말해서 "I kick", "I am kicking", "I kicked", "I am kicked", "I have kicked", "I have been kicked"의 의미 차이가 바로 분사 활용에 의해 발생하는 것입니다. 그럼 우리가 가장 편하게 느끼는 현재 분사의 활용을 통해서, 분사의 실질적인 모습에 접근해 봅시다.

달리는 여자야

— 진행

영문법의 진행형이라면 영어를 처음 접하는 시기에 익히게 되는, 가장 기초적인 문법 형태임에 틀림없습니다. Be 동사에 '동사원형+ing'를 덧붙이는 이 문법형은 흔히 "~하고 있다"로 번역되어 왔는데요, 이런 관행에 일말의 의심조차 제기할 수 없는 것이 현실입니다. 아마 너무도 당연한 사실이므로 다른 견해는 있을 수 없다고 믿는 분들이 많을 겁니다.

그러나 우리 대부분이 **실제 생활에서 영어로 의사소통하는 데 실패하는 이유가 바로 여기에 있다**고 감히 단언할 수 있습니다. "영문법의 가장 기본이라는 진행형에 반론을 제기하다니, 마치 계란으로 바위를 치듯 무모하군"이라고 말하는 소리가 들리는 것 같네요. 하지만 절대 그렇지 않으니, 너무 두려워 마세요. 그럼, 자그마한 호기심을 품고 차근차근 함께 발을 떼어 볼까요?

우선 여러분에게 우리말의 진행형은 어떤 형태인지 묻고 싶네요. 아마도 "~하는 중"과 같은 표현이 먼저 떠오르겠지요. 하지만 이는 'During' 등에 해당하는 말이니까, 영문법 식으로 정의를 생각해 보세요. 'Be+R~ing'와 유사한 역할을 하는 공식이 우리말에도 있지 않을까요?

아마 쉽게 생각나지는 않을 겁니다. 지금껏 비슷한 질문조차 받아 본 일이 없으니까 말이죠. 우리말 진행형은 국어 시험에도 나오지 않을 만큼 너무 당연한 것이라는 말이기도 하고, 그만큼 생활에 밀접한 '말하는 방법'이라는 반증이기도 합니다.

자 그럼, 간략히 살펴볼까요? 우리말 용언의 기본형에서 종결어미 '-다'를 연결어미 '-고'로 바꾸고, 뒤에 '있다'를 붙이면 됩니다. '하다—하고 있다', '먹다—먹고 있다', '자다—자고 있다'의 형태죠. 우리말의 이런 구조에 영어를 억지로 끼워 맞추다 보니, 부적절한 번역의 형태가 고착되었는지도 모릅니다. 하지만 **영어의 진행형은 그 구성에서부터 우리의 사고나 언어 행위와 사뭇 다른 모습입니다.** 그러기에 지금까지 우리 모두는 영어가 불편할 수밖에 없는 환경에 있었다고 해도 과언이 아닙니다. 정리하자면, 여태껏 우리말의 진행형인 "~하고 있다"를 전혀 다른 구조와 기반을 지닌 영어 진행형에 무리하게 적용해 왔다는 말이지요.

그렇다면, 도대체 영어에서의 진행형이란 어떤 형태인 걸까요? 결론부터 말하자면, "아이가 자고 있다"는 말의 올바른 영어식 진행형 표현은 "그 아이는 자는 아이이다"입니다. **우리말로 하면 '있다'와 '이다'라는 두 가지 의미를 갖는 Be 동사에 대한 인식 차이에서 발생한 오류**로서, 소위 존재동사와 대등동사를 혼동한 결과라고 말할 수 있지요.

우리말의 진행형='–(하)고 있다' ≠ 영어의 진행형

영어의 진행형='–(하)는 (사람)이다'

이게 무슨 말인가 싶지요? 그럼, 설명을 간단히 하기 위해 우선 형용사를 예로 들어 봅시다. "She is beautiful"이라는 문장을 우리는 보통 "그녀는 예쁘다"라고 번역해 왔습니다. 하지만 사실 이 문장의 정확한 우리말 표현은 "그녀는 예쁜 여자이다"가 되어야 합니다. 좀더 구체적으로 "She is beautiful"과 "She is a beautiful woman"의 의미를 비교해 봅시다. 우리말로 하자면 "그 여자는 예쁘다"와 "그 여자는 예쁜 여자이다"로 의미가 통용되는데요, 말 내용에 실질적인 차이는 없지만 후자는 형태 면에서 대등동사가 사용되었다는 점에 유의해야 합니다.

어법적 시각으로 표현하자면, "She is a beautiful woman"의 woman이 She와 동일한 사람이므로 굳이 중복 사용할 필요가 없어서 탈락되면서 명사가 사라지니까 당연히 관사까지 떨어져 나갔다고 볼 수 있겠지요. 따라서 "She is tall"="She is a tall woman"이라고 보는 편이 옳습니다. 우리가 흔히 설명하는 **형용사의 직접적 혹은 서술적 수식이라기보다는, 단순히 축약의 형태일 뿐이며 Be 동사는 대등동사, 즉 '='의 기능을 한다**는 말이죠. "He is brave"도 "He is a brave man"의 준말이니까, "그는 용감하다"가 아니라 "그는 용감한 사람이다"라고 이해되어야 합니다.

내용상 두 가지 방식이 크게 다른 것 같지도 않은데, 무엇 때문에 이런 설명이 필요한지 궁금하시죠? 이 부분이 매우 중요한 이유는, 지금껏 **영어를 우리말 형식으로 바꾸어 인식하던 방식에서 벗어나 영어 원어민들의 사고방식 그대로 받아들이기 위해서**입니다. 즉, 그들과 동일한 언어적 사고를 접목시킴으로써 **번역 없이 영어를 듣고 말하기 위한 필수적인 과정**인 셈입니다. 쉽게 말하면 'Be 동사+R~ing' 같은 공식을 알 리 없는, 미국에서 태어난 세 살짜리 꼬마가 너무도 정확히 진행형을 구사하는 이유를 우리도 함께 공유하려는 기초적이면서도 지극히 필요한 과정이죠.

같은 맥락으로 형용사 대신에 현재 분사를 대입해 보면, 앞의 설명이 이해가 될 겁니다. 즉 "He is running"은 "He is a running man"의 축약 형태로 이해해야 한다는 말인데요, "그는 뛰고 있다"가 아니라 "그는 뛰는 사람이다"가 정확한 영어 원어민들의 언어적 사고입니다. 현재 분사가 지금 발생하는 행위를 표현하는 것이니까, 진행형의 묘미를 더욱 느낄 수 있겠지요.

He is going. — He is a going man. . 가는 남자이다.

She is thinking. — She is a thinking lady. 생각하는 여자이다.

Eddie was eating. — Eddie was an eating boy. 먹는 아이였다.

이런 단순한 예뿐만 아니라, 여러분이 알고 있는 모든 동사에 이런 방식을 적용해 보세요. 지금까지 알고 있던 진행형의 공식에서 벗어나지 않으면서도, 전에는 느껴보지 못한 영어의 감각을 익힐 수 있습니다. 이런 과정을 통해서, 닫히는 문을 보면서 어린 아이가 아빠에게 "The door is a closing door"라고 말할 수 있는 것이니까요. **눈에 혹은 머릿속에 보이는 그대로를 소리나 문자로 표현하는 것이 바로 언어의 기본**인데, 간단히 축약된 형태로 "The door is closing"이라고 재생될 뿐입니다.

이런 축약의 설명은 분사가 사용되는 주어 활용에서 그 빛을 발합니다. 진행형에서 앞서의 설명과 같은 인지 능력을 지닌 사람은, 별도의 노력 없이도 복합된 주어의 사용에 불편을 겪지 않습니다.

"He is a running man"으로 훈련된 사람이 "A running man is my brother"라고 순간적으로 표현하는 것과 "He is running"을 "그가 뛰고 있다"고 인식한 사람이 그 내용을 영어로 바꾸어 구현하는 것에는 커다란 차이가 존재하기 때문입니다. 다시 말해서, "He is working"에서 "A working man"으로의 전환 능력에서 차이가 나타납니다. 따라서 진행형에 대한 올바른 인식은 단순히 진행 어법만이 아닌 중문이나 복문을 활용하는 훈련도 함께하는 과정입니다.

규칙의 Be

요즘은 초등학교부터 영어를 접해 오지만, 아직도 be 동사의 시제나 수량의 변화를 불편해하는 사람이 많습니다. 여유로운 상태에서는 별 문제가 없는 것 같은데, 급하거나 불편한 상황에서 너무 마구 발생하는 오류에 스스로 당황하는 경우를 많이 겪게 됩니다. 이 역시도 인칭에 따른 변화를 무조건 외워서 생긴 경우입니다. 사실 한 번만 제대로 이해하고 나면 일생 틀릴 일이 없는 부분이니, 많이 안타까운 현상이지요. 그럼 많이 봐 왔던 도표부터 다시 볼까요?

인 칭	현재 단수	현재 복수	과거 단수	과거 복수
일인칭	am	are	was	were
이인칭	are	are	were	were
삼인칭	is	are	was	were

너무도 생생하게 기억나는 도표이지만, 다시 한 번 주의 깊게 살펴보지요. 일인칭과 삼인칭은 과거 단수와 과거 복수의 모양이 서로 동일합니다. 반면 이인칭만 단수와 복수의 구분이 없습니다. 그리고 그 이유는 You 자체가 단수나 복수로 사용될 때, 동일하게 쓰이기 때문이지요. 즉 I, We, He, She, It, They처럼 모양이 달라지지 않기 때문에 그 자체로 단수인지 복수인지 구분할 수 없으니까, 복수로 동일하게 처리할 수밖에 없었던 겁니다. 결국 이인칭을 제외하면, 규칙에서 벗어나는 것은 am 하나뿐이라는 사실을 알 수 있습니다.

Be 동사의 모든 현재 단수는 is이고 복수는 are라는 것이지요. 과거 또한 단수는 was이고 복수는 were로 사용하고요. 다만 1인칭 단수의 경우만 am이라고, 그것도 개인주의적 성향이 강한 사람들이니까 그렇게 쓰나 보다~라고 생각하면 너무 쉽지 않을까요!

이렇듯 Be 동사의 시제와 수량적 활용은 사실 매우 간단한데, 이해가 배제된 상태에서 암기하고 또 계속해서 같은 오류를 범하고 있는 실정입니다. 특히 분사와 어우러져서 상태를 표현하는 아주 중요한 도구이므로, 분명한 이해와 훈련이 필요합니다.

자, 지금까지 영어에서의 진행형 표현에 대해 알아보았습니다. 그런데 혹시 '분사 편'에서 이야기했던 "분사란 시간적으로 구분된 행위를 뜻한다"는 말을 기억하시나요? 이 부분을 마치기 전에 마지막으로, 진행형과 관련해 이 말이 뜻하는 바를 잠깐 보도록 하지요.

진행형을 단순히 현재 일어나는 상황의 표현이라고 생각하는 분이 많습니다. 즉, 현재와 현재 진행 사이의 차이를 크게 느끼지 못한다는 말인데, 우리말 표현을 생각해 보면 그 차이를 쉽게 인식할 수 있습니다.

"그 친구 잘 하고 있어"와 "그 친구 잘 해"라는 표현은 분명 다릅니다. 물론 현실에서는 "나 뛰어"와 "나 뛰고 있어"라는 표현이 큰 의미 차이 없이 사용되지요. 하지만 말의 형식이란 곧 그 필요에 의해 생겨난다는 점을 생각한다면, 암기에만 의존하면서 느끼던 부담이 사라지겠지요.

그 친구, 잘 해	He does well.
그 친구, 잘 하고 있어	He is doing well.
그 친구, 잘 해 왔어	He has done well.
그 친구, 잘 해 오고 있어	He has been doing well.

각각의 문장들 사이의 작은 차이가 느껴지지요?! 사실 영어를 잘한다는 말은 어려운 단어를 나열하는 것이 아니라 언어의 이런 묘미를 이해하고 표현하는 능력입니다. 중학생들이 어른보다 우리말 단어를 많이 알지 못한다고 해서 조잘대는 그들이 언어 능력이 부족하다고 말하는 사람은 없겠죠.

그 친구, 책을 써	He writes a book.
그 친구, 책을 쓰고 있어(쓰는 사람이야)	He is writing a book.
그 친구, 책을 써 봤지	He has written a book.
그 친구, 책을 써 오고 있어	He has been writing a book.

앞서 완료를 설명하면서, 단순히 특정 단어에 의해 의미가 변한다는

생각은 옳지 않다고 이야기했었지요. 위의 문장에 yet이라는 단어를 추가해 보면, 말의 형식에 따른 적합성의 차이를 느낄 수 있습니다. 여러분 스스로 각각의 느낌을 떠올리면서, 아래 왼쪽 빈칸에 우리말로 한번 적어 보세요.

____________________	He writes a book yet.
____________________	He is writing a book yet.
____________________	He has written a book yet.
____________________	He has been writing a book yet.

한편으로 왕래발착 동사의 진행형은 미래를 나타낸다며 예외적으로 취급하는데요, 이 역시도 시간을 지칭하는 어휘에 의해 생기는 자연스런 현상으로 이해한다면 굳이 외울 이유가 없어집니다.

1. She is going to Toronto. — She is going to Toronto next year.
2. He is going to be a doctor. — He is going to be a doctor next year.

이때 1항과 2항의 'going'은 의미가 약간 다릅니다. "She is going to Toronto"는 실제 가는 행위의 표현이지만, 2항에서는 추상적인 의미를 나타냅니다. 요즘은 우리 주변에서도 많이 들을 수 있는 표현으로, 방송 촬영을 하면서 "갑시다-!" 하고 소리치는 경우와 동일합니다. 꼭 촬영이 아니더라도, 회의나 업무를 잠시 중단했다가 다시 시작할 때도 많이 쓰이지요.

"He is coming tomorrow"도 실제 오고 있는 행위와 '온다'는 추상적인 뜻의 복합을 느낄 수 있겠죠? 정리하자면, go, come, leave, start, arrive와 같은 동사들은 미래를 지칭하는 어휘와 함께 쓰이면 추상적인 뜻을 나타내게 됩니다. 물론 시간을 나타내는 어휘가 없으면, 단순한 행위에 가까운 표현입니다.

아래 오른편의 do와 연계된 표현은 잘 아시다시피 강조입니다. 진행형처럼 쉬운 어형을 연습할 때 함께 훈련을 해두면, 나중에 의문이나 부정의 표현이 훨씬 쉬워집니다. 다시 강조하지만, 너무 당연한 내용이라고 눈으로 슬쩍 보고 지나쳐서는 곤란합니다. 우리가 영문법을 몰라서 지금껏 영어를 못하는 것이 아니라는 자각을 또 한 번 새기면서, 말을 느끼려는 노력으로 훈련해야 합니다.

I	am building.	was building.	do build.	did build.
We	are building.	were building.		
You				
They				
He	is building.	was building.	does build.	
She				
It				

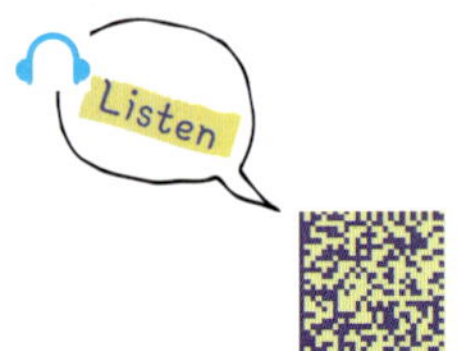

I	am learning.	was learning.	do learn.	did learn.
We	are learning.	were learning.		
You				
They				
He	is learning.	was learning.	does learn.	
She				
It				

I	am foregoing.	was foregoing.	do forego.	did forego.
We	are foregoing.	were foregoing.		
You				
They				
He	is foregoing.	was foregoing.	does forego.	
She				
It				

Keyword 4

사랑받는 사람

— 수동

앞서 "The door is closing"이라고 아빠에게 말했던 아이는 문이 닫힌 후에는 "The door is closed"라고 말합니다. 세 살짜리 꼬마가 진행형도 부족해서 'Be 동사+과거 분사'를 알뿐더러 누가 닫았는지도 불분명하기에 by 이하를 생략했다고 억지 주장을 할 사람은 아무도 없을 겁니다. 다만 아이는 문이 이미 닫혔으므로 과거 분사를 사용했을 뿐이죠. 눈에 보이는 그대로, 지금 일어나는 일과 이미 일어난 일을 분사로 표현했을 뿐, 아이는 아직 수동이라는 개념을 알 수 있는 연령이 아닙니다.

즉, "The door is closed"도 "The door is a closed door"의 줄임말이라는 측면에서, 앞서의 진행형과 다를 바가 전혀 없습니다. 말하자면 수동태라는 개념에 앞서, 과거 분사를 사용해서 단순하게 과거에 일어난 일을 표현한다고 생각하면 됩니다. 물론 수동의 형태를 나타내는 표현이 'Be 동사

+과거 분사'임에는 틀림없지만, 이 개념이 발생되기 이전에는 단순히 과거의 행위를 나타내는 도구였을 뿐입니다.

그러나 언어가 발전하는 과정에서 '~되다/받다'라는 수동적 표현이 필요해지면서, 'Be 동사+과거 분사'가 그 역할을 담당하게 됩니다. 앞서 설명했던 완료형은 수동태가 정립된 이후에 발전되면서, 어쩔 수 없이 Have 동사를 차용할 수밖에 없었던 상황과 연결되는 고리인 거죠. Be 동사와 분사의 연계만으로는 표현의 한계에 도달해서, 다른 동사를 빌렸다고 생각해도 무방합니다.

결국 **과거 분사를 수동의 형태로 보는 경우는 Be 동사와 결합되었을 때로 한정**하는 것이 옳습니다. 우리에게 〈바람과 함께 사라지다〉라는 제목으로 잘 알려진 〈Gone with the wind〉라는 영화가 있지요. 여기서 'Gone with the wind'는 그 상태만으로는 타의에 의해 사라지게 되었는지 아니면 스스로 사라졌는지 불분명합니다. 즉 'Be gone with the wind'인지 'Have gone with the wind'인지 분명하게 알 수는 없지만 떠난 것만은 분명하다는 말이죠. 이 부분을 보다 명확하게 이해하기 위해서, 역시 과거 분사를 활용하는 완료형과 비교해 보시죠.

"A kicked man"이라는 말만으로는 이 사람이 채인 사람인지 혹은 찬 사람인지가 불분명합니다. 하지만 "He is kicked", 즉 "He is a kicked man"의 형태가 되면 Be 동사로 인해 "채인 사람"이 되고, "He has kicked"의 형태가 되면 "차 본(온) 사람"이라는 의미가 됩니다. 아직 뚜렷하게 와 닿지 않을 테니까, '사랑'이라는 단어로 설명해 보도록 하지요. 미국의 묘역에 가면 'beloved'라는 어휘를 많이 볼 수 있습니다. "Loved Guim"은 "사랑했던 김씨"이고, "**Be**loved Guim"은 "사랑받았던 김씨"일 수밖에 없지 않습니까!

그럼 생일 축하곡으로 많이 불리는 〈당신은 사랑받기 위해 태어난 사람〉을 영어로 하면 어떻게 될까요? 바로 "You were born to be loved"가 되겠지요.

따라서 크게 보아서 'Be 동사+과거 분사'는 수동이고, 'Have 동사+과거 분사'는 능동의 표현입니다. 물론 후자는 선행된 have로 인해 경험과 지속의 의미까지 포함되었다는 차이는 있지만, **완료형은 수동과 대비되는 분명한 능동형**이라는 말이죠. 따라서 지금까지 평서문을 수동태로 바꾸는 방법으로 영어의 형태를 학습했던 방식은, 당연히 효과를 거둘 수가 없었던 겁니다. **동일한 과거 분사가 사용되는 수동과 완료의 변환을 훈련하면, 심층에 미치는 결과가 비교할 수 없을 정도로 효과적인데도 말입니다.**

간혹 완료에도 수동의 표현이 필요한 경우가 있어서 get이라는 동사가 사용되기도 합니다. have와 get의 차이는 뭘까요? 둘 다 '갖는 것'은 동일합니다. 다만 have가 자기 스스로 쟁취하는 것이라면 get은 타인에 의해 얻게 된다는 의미가 있지요. 이런 기본 의미가 활용되어서 능동 안에서 수동의 표현을 가능하게 하는데, "I got married"가 그 대표적인 예입니다. 그러면 "I have married"와 "I got married"에 어떤 차이가 있는지 아시겠지요? 네, 맞습니다. 전자가 '내 뜻으로 결혼했다'라는 의미라면, 후자는 '(그녀의 허락을 얻어) 결혼하게 되었다'는 수동적인 말입니다. 굳이 "I have been married"처럼 완료와 수동형을 접목할 필요가 없는 거지요.

수동이라는 표현은 자의가 아닌 타의에 의해서, 어떤 행위나 상황이 일어났음을 나타냅니다. 따라서 누군가 혹은 무엇인가에 의해 발생했으므로, by를 통해 그 주체를 표현할 수 있습니다. 특히 능동을 수동으로 바꾸는 연습을 하면서, We, You, They, One, People처럼 능동형의 주어가 일반적이거나 또는 행위자를 드러낼 필요가 없을 때에 by 이하를 생략한다고 훈련받아 왔었죠.

하지만 이제는 거꾸로 **행위자를 표현할 필요가 있을 때에만 by를 이용하자**고 생각해 보는 것은 어떨까요? 사실 문법책에 나와 있는 능동과 수동의 변환 예들은 그 의미가 동일하지 않습니다. **말은 형태가 바뀌면 내용도 달라진다**는 사실이 간과된 채로, 그저 수동을 설명하기 위해 억지로 만들어진 경우가 많습니다. 이 역시 우리말의 경우를 상정하면 쉽게 이해할 수 있지요.

"그들이 5년 전에 저 집을 지었다네"와 by 이하를 생략한 "저 집은 5년 전에 지어졌지"는 그 의미에서 커다란 차이가 있다는 말입니다. 단순히 능동과 수동의 변환이라고 생각할 수 없을 정도로 말의 뜻이 달라집니다. 영어 표현으로도 "They built that house 5 years ago"와 "That house was built 5 years ago"의 뜻이 동일하다고 말할 수 없는데도, 수동의 형태를 설명하기 위해서 억지로 대비하는 훈련을 해 왔다고 말할 수 있습니다.

또한 보편적인 주체를 나타낼 때 by 이하가 생략되는 문장으로 "They speak French in France"와 "French is spoken in France"를 예로 들어 봅시다. 농담이나 강조의 경우가 아니라면, 후자는 표현의 필요조차 없는 말이 됩니다. 그 의미가 전혀 다른 것은 말할 나위도 없지요.

결국 능동을 수동으로, 수동을 능동으로 바꾸는 훈련은 오히려 수동적 표현을 저해하는 교육법이었다는 말입니다. 따라서 앞서 설명과 같이, 완료와 수동이 비교된 훈련으로 이를 극복해야 합니다.

I	am smelled.	am being smelled.	have smelled.	have been smelled.
We	are smelled.	are being smelled.		
You				
They				
He	is smelled.	is being smelled.	has smelled.	has been smelled.
She				
It				

I	am told.	am being told.	have told.	have been told.
We	are told.	are being told.		
You				
They				
He	is told.	is being told.	has told.	has been told.
She				
It				

I	am related.	am being related.	have related.	have been related.
We	are related.	are being related.		
You				
They				
He	is related.	is being related.	has related.	has been related.
She				
It				

I	am observing.	was observing.	do observe.	did observe.
We	are observing.	were observing.		
You				
They				
He	is observing.	was observing.	does observe.	
She				
It				

I	am observed.	am being observed.	have observed	have been observed.
We	are observed.	are being observed.		
You				
They				
He	is observed.	is being observed.	has observed.	has been observed.
She				
It				

명사는 동사의 다른 이름

지금까지 '말하는 방법'인 영문법의 기본을 기존의 시각과는 다르게 이해하고자 했습니다. 어떤가요? 원어민의 사고에 어느 정도 친숙해졌나요? 그렇다면 이번에는 언어의 근간이 되는 단어, 그중에서도 핵심적인 역할을 하는 동사와 명사에 대해서 잠시 생각해 봅시다. 영어를 시작하는 단계에서부터 우리는 주어, 목적어, 동사의 형태를 학습하면서 명사, 동사, 형용사 등의 품사적 분류를 통해 단어를 인식해 왔었죠.

상대적으로 영어 사전에 많이 의존하는 사람들은 동사에 명사적 뜻이 있기도 하고 명사에 동사가 포함되기도 하는 경우를 자주 봅니다. 하지만 많은 사람들이 자신이 필요한 부분만 확인하고 자칫 지나치는 이 대목이 영어 학습에서는 매우 중요합니다. 너무도 당연한 말이지만 모든 언어의 기본은 어휘에서 시작되니까요.

그럼 많이 사용되는 어휘들을 통해서, 명사는 동사라는 어처구니없는 말의 뜻을 새겨 봅시다. 우리 일상에 가까운 명사라면 Table, Chair, Car, Window, House, Man, School 등을 예로 들 수 있을 겁니다. 몇 안 되는 이 단어들이 명사와 동사의 의미를 동시에 포함하고 있다는 사실을 사전을 통해 하나씩 알아보지요. 물론 여기에 제시된 어휘들 외에, 여러분에게 친근한 단어들을 종이에 써서 하나씩 확인하는 것도 좋은 방법입니다. 그리고 그 숫자가 많으면 많을수록 영단어가 갖는 특성을 확실히 이해할 수 있겠지요.

Table만 해도 탁자라는 뜻 외에 "탁자에 놓다" 혹은 "진열하다"라는 동사적 의미가 있습니다. Chair도 회의를 주재하거나 높은 자리에 앉거나 또는 어떤 지위에 오른다는 뜻을 포함하고 있는데, 우리도 회전의자에 앉았다는 말로 승진을 표현하는 것과 유사합니다.

이렇게 각각의 영어 단어들에는 명사와 동사의 두 가지 활용도가 모두 있는데, 저는 그 이유를 언어가 인간을 위한 도구라는 점을 들어 설명합니다. 물론 인간을 제외한 다른 동식물의 의사소통적 제반 행위를 언어라고 정의하기도 합니다. 하지만 기본적으로 음성 언어를 인간만의 능력이라고 한다면, 명사가 동사적 의미를 내포하는 것은 당연한 일이라고 할 수 있습니다.

즉, 어떤 명사이든 인간 생활과 연관된 제반 행위를 포함하고 있다는 말이죠. 쉽게 설명하면 Sun이라는 단어만 해도, '태양'이라는 고유의 뜻 외에도 태양으로 인간이 할 수 있는 모든 동사적 의미가 내포되어 있다는 겁니다. 여러분은 태양으로 뭘 할 수 있습니까? 태양으로 국을 끓이기는 어려울 듯하고… 일광욕을 하거나 빨래를 말리거나 하는, 제한적 행위들이 태양을 이용해서 우리가 할 수 있는 일들이겠지요.

사전도 태양에 대한 동사적 의미를 이렇게 나열하고 있습니다.

v. (sunned;sun·ning) **vt.** 햇볕에 쬐다, 햇볕에 말리다 **vi.** 일광욕하다, 햇볕을 쬐다

어떻습니까!? 언어가 인간만을 위한 존재라는 점이 전제되면, 이해하기가 어렵지는 않을 겁니다. House라는 단어도 주거지라는 명사적 의미와 함께, 주택을 제공하거나 임시로 숙박을 시키는 등 주거를 제공하는 행위를 포함하고 있지요. 특히 뱃사람들이 배를 정박시키는 행위도 Housing으로 표현하니까, House는 객지에서의 임시 주거보다는 삶을 영위하는 고정적 주거지라는 개념이 더 강한 듯 느껴지지 않습니까?

자동차로 인간이 할 수 있는 일은 또 무엇이 있을까요? 자동차로 물건을 운반하거나 차를 이용해 이동하는 행위가 포함될 수 있겠지요. 결국 "He is caring"이라는 말로 그가 이동하거나 운반한다는 표현을 할 수 있는 거지요. 그런데 그냥 caring으로 기록하면 care의 현재 분사로 오인될 수 있

기에 carring으로 사용하다가 Carry라는 어휘로 발전하게 된 거랍니다. 참, 자음 두 개가 A 뒤에 사용되었으므로 [kæri]로 발음하게 되는데요, 나중에 '발음'에 관련된 부분에서 다시 한 번 자세히 살펴보겠습니다.

Man이라는 단어도 그 옛날 남성의 일반적인 의미와 연결되어 있습니다. 따라서 Manning은 일이나 전쟁을 위해 인력을 투입하는 행위를 말합니다. 생활을 위해 먹거리를 확보해야 하는 의무와 전투가 남성 전유물이던 시절에 정착된 단어이지만, 앞으로 세태의 변화에 따라 "여성을 잘 보호하다"라는 뜻으로 사용될 수도 있을 겁니다. 이렇게 세월이 지남에 따라, 어휘의 뜻 자체가 변화하는 것도 언어가 가진 또 하나의 특징입니다. 학교라는 말이 일반적으로 배우고 가르치는 장소를 의미하지만, 교정기관을 속되게 이르는 용어로 사용되기도 하는 현상에서 어휘의 의미 변화를 이해할 수 있습니다.

아래 예문들은 일상생활에서 많이 쓰는 명사들이 동사적으로 사용된 예입니다. 사전적 의미에 얽매이지 말고 말 그대로의 의미로 받아들여 보세요.

Dog	The detective dogged the suspect.
미행하다; 따라다니다	탐정이 용의자를 미행했다.
Chair	Who is chairing a meeting?
의장(사회)을 맡다; 의자(자리)에 앉히다	사회는 누가 보나요?
Man	Police manned checkpoints on the outskirts of a city.

배치하다; 담당하다	경찰은 도시 외곽에 검문소를 설치했다.
Bag	We bagged the best seats at the concert hall.
자루에 넣다; 차지하다	우리는 콘서트홀에서 가장 좋은 좌석을 차지했다.
Sky	The ball no. 9 player kicked was skied over the crossbar.
(공을) 높이 쳐올리다; 상승하다	9번 선수가 찬 공이 크로스바 위로 높이 날아가 버렸다.
Moon	He has mooned away two years after graduation.
멍하니 보내다	그는 졸업 후 2년을 멍하니 지내 왔다.

명사에 대한 문법적 강박관념을 해소하기 위해서는, 우리말 어휘를 통해 문법적 분류를 생각해 보는 것도 좋은 방법입니다.

1. 단수 또는 복수로 취급되는 집합명사에는 어떤 것이 있으며, 집단 전체를 가리킬 경우에는 단수로, 개체를 가리킬 때는 복수로 취급하는 예로는 무엇이 있을까?
2. 항상 복수 취급하는 명사로는 어떤 것이 있을까?
3. 형태는 복수이지만, 단수 취급하는 명사들로는 무엇이 있을까?

대답도 궁색하지만, 이런 지식이 필요하냐는 생각이 먼저 들지요? 이뿐만이 아닙니다. 복합명사니 가산명사니 추상명사니 물질명사니 하는 등의 개념이 일반적으로 모국어를 사용하는 데에서 그 활용도가 0퍼센트라는 점 역시 영어 학습에 적용되어야 합니다. 한국어는 "우리가 했어", "우리들이 했어"에서 보듯이 복수 표현을 아예 무시하잖아요. 이런 부분들은 자연스럽게 국어학자의 몫으로 남겨두었듯이, 영어에서도 학자들의 전유물로 넘겨주자는 말입니다.

소통적인 언어를 위한 명사의 동사적 활용은 분사 훈련으로 해소됩니다. 지금까지 몇몇 명사는 동사로도 쓰인다는 사실을 살펴보았는데요, 이제 한 걸음 더 나가 봅시다. 빈도 높은 명사에 행위적 표현을 적용함으로써 그 의미 변화를 체험적으로 훈련하는 방법은 영어 그리고 영단어의 특성을 익히는 데 매우 바람직합니다.

<table>
<tr><td>I</td><td>am facing.</td><td>was facing.</td><td rowspan="4">do face.</td><td rowspan="7">did face.</td></tr>
<tr><td>We</td><td rowspan="3">are facing.</td><td rowspan="3">were facing.</td></tr>
<tr><td>You</td></tr>
<tr><td>They</td></tr>
<tr><td>He</td><td rowspan="3">is facing.</td><td rowspan="3">was facing.</td><td rowspan="3">does face.</td></tr>
<tr><td>She</td></tr>
<tr><td>It</td></tr>
</table>

<table>
<tr><td>I</td><td>am faced.</td><td>am being faced.</td><td rowspan="4">have faced.</td><td rowspan="4">have been faced.</td></tr>
<tr><td>We</td><td rowspan="3">are facing.</td><td rowspan="3">are being faced.</td></tr>
<tr><td>You</td></tr>
<tr><td>They</td></tr>
<tr><td>He</td><td rowspan="3">is facing.</td><td rowspan="3">is being faced.</td><td rowspan="3">has faced.</td><td rowspan="3">has been faced.</td></tr>
<tr><td>She</td></tr>
<tr><td>It</td></tr>
</table>

I	am forswearing.	was forswearing.	do forswear.	did forswear.
We	are forswearing.	were forswearing.		
You				
They				
He	is forswearing.	was forswearing.	does forswear.	
She				
It				

I	am forsworn.	am being forsworn.	have forsworn	have been forsworn.
We	are forsworn.	are being forsworn.		
You				
They				
He	is forsworn.	is being forsworn.	has forsworn.	has been forsworn.
She				
It				

동사, 너마저도 ...

이렇듯 우리가 명사로만 인식하던 단어 거의 모두가 동사로 사용되듯이, 동사라고 알고 있던 단어들도 명사로 사용됩니다. 그것도 일부가 아니라 동사 모두가 그렇다고 말하고 싶습니다. Have라는 동사만 하더라도 사전에서 유산자(有産者), 가진 자; (자원 · 핵 등의) 보유국 등을 의미하는 명사적 의미도 찾을 수 있습니다. 결국 갖는다는 행위와 연결된 모든 명사로서의 표현이 가능하다는 말이지요. Talk도 이야기, 담화, 좌담; (형식을 가리지 않는) 강연, 강화(講話); 회화체의 간단한 이야기; (정식) 회담, 회의, 협의; 소문, 풍설, 이야깃거리, 화제 등등 명사적 활용이 많습니다.

Go와 같이 빈도 높게 통용되는 동사마저도 가기, 떠나기; 진행, 정력, 기운; 의욕, 열의, 시도(試圖); 기회라는 명사적 의미로 많이 쓰입니다. 대표적인 말이 "It's a sure go"인데 "그건 확실히 되는 일이야" 정도 되는 표현입니다. 결국 영어 원어민에게는 동사나 명사라는 구분 자체가 모호하다는 말인데요, 누구나 알고 있는 동사들을 통해 확인해 보겠습니다.

eat	n. [pl.] 《구어》 음식; 식사(meals)
take	n. 잡음; 토지 대차; 잡힌 것, 포획, 수확; 매출액, (입장료의) 판매액
walk	n. 보행, 걷기; (말의) 보통 걸음; 걸음걸이, 걸음새; 산책, 소풍; 길, 보도, 인도
wear	n. 착용; 의복, 착용물; 유행, 유행복; 사용에 견딤, 오래감
look	n. 봄, 바라봄; 눈빛, 눈치; 얼굴 표정, 안색; 모양, 외관; 용모; 디자인, 룩
smell	n. 후각; 냄새, 향기; 악취; 기미, 혐의

아래 예문들은 일상생활에서 많이 쓰는 동사들이 명사적으로 사용된 예입니다.

Have	The government should try to narrow the gap between the haves and the have-nots.
가진 자; 보유국	정부는 가진 자와 못 가진 자 사이의 격차를 줄이기 위해 노력해야 한다.
Go	Can I have a go on your car?
진행; 활력; 기회; 차례	네 차 좀 타 봐도 돼?
Look	Don't judge of a man by his looks.
바라봄; 눈빛; 표정; 외관	외모로 사람을 판단하지 마라.
Smell	Smell is a potent wizard that transports you across thousand of miles and all the years you have lived.
냄새; 후각; 낌새	향기는 머나먼 거리와 기나긴 세월을 가로질러 당신을 실어 나르는 강력한 마법사다.

Walk	An early morning walk is a blessing for the whole day.
걷기; 걸음; 산책; 길	이른 아침의 산책은 하루를 위한 축복이다.
Take	What is your take on the death penalty?
수확; 수익; 판매액; 의견	사형 제도에 대한 당신의 의견은 어떤가요?

여기에 제시된 동사 외에도, 여러분 스스로 수많은 동사를 확인하는 작업을 반드시 수행해야 합니다. 그래야만 어휘의 모습을 분명하게 이해하게 될 테니까요. 그런 과정을 거쳐야만 명사는 동사이고, 동사는 명사라는 사실을 어느 정도 수긍하게 될 겁니다. 그런데, 새로운 이해와 더불어 또 다른 의문이 싹트네요. 흔히 명사 혹은 명사 상당어구 앞에 쓴다는, 관사에 대한 혼란이 바로 그것입니다.

Keyword 7

분명한 명사의 표식

— 관사

관사 역시도 문법책의 일반적인 정의보다는, 영어 원어민의 입장에서 생각해 보는 편이 좋습니다. 앞서 설명했듯이 영어 사용자들은 **동사와 명사의 구분이 모호한 채로 언어를 사용**합니다. 그러다 보니, 이들이 말을 할 때 명사와 동사를 구분해 줄 필요성이 발생한 것이지요. 예를 들자면, "It's **a** go"와 "It's go"의 차이가 발생할 수 있다는 말입니다.

과거 화교들이 쓰던 "우리 살람, 중국 갔다 왔다 했어"나 "짜장이 여섯 개 있다 해"의 경우처럼, 두 개의 동사가 사용되는 오류가 발생할 수 있습니다. 따라서 영어 원어민들은 어떤 어휘를 명사로 사용할 때, **관사라는 도구를 이용해서 해당 어휘가 명사로 쓰였다는 분명한 표시**를 해주게 됩니다.

둘러치나 메어치나 같은 말로 들릴 수도 있지만, **관사는 명사 앞에 관습적으로 붙이는 것이 아니라 영어 화자(말하는 사람)가 명사라고 꼭 집어 표현할 필요가 있을 때에, 동사와 구분하기 위해 활용된다**는 말이죠. 물론 그 형태는 같겠지만, 어떤 이유로 그 모습을 갖게 되었는가를 분명하게 아는 것과 무관사의 경우나 정관사, 부정관사의 경우를 무조건 외우는 것은 실제 활용이나 이해에 엄청난 차이가 발생합니다. 영어를 좀 안다는 사람들조차 영문 서식을 작성할 때, 가장 자신 없는 부분이 바로 관사라는 점이 암기의 폐해를 단적으로 증명합니다.

그럼 정관사와 부정관사 사용에 대한 원어민의 개념을 살펴보지요. 정관사(Definite Article)는 앞에 나왔던 명사가 반복될 때 사용하는데, 이는 문맥상 전후관계로 보아 상대방이 무엇을 가리키는지를 누구나 알 수 있는 경우와 동일한 사용 형태입니다.

I met a boy, and the boy showed me the way.

한 애를 만났는데, 그 애가 길을 가르쳐 줬어.

또한 신체 일부를 표시할 때나 유일무이한 것에 정관사를 사용한다는 정의도 실은 명사와 동사의 구분에 불과한 것으로 보면 됩니다. "Sun is hotter than moon"이라는 말은 "일광욕은 밤길을 어슬렁거리는 것보다 어렵다"는 말로도 인식될 수 있기에 "**The** sun is hotter than **the** moon"으로 사용한다는 말이죠.

"Sun is hotter than moon"이라는 말 자체가 많이 생소하겠지만, 영어의 형태가 지금처럼 정착되지 않았던 시절에는 의미의 혼동과 더불어 사용되었다고 보는 편이 옳을 겁니다. 우리말도 고려 시대와 현재 사이에 차이가 엄청나다는 것이 상식이듯이 말입니다. 즉, **영어 원어민들은 명사라는 표시인 관사가 없으면, 무조건 동사로 인식한다고 생각해도 좋습니다.**

특히 관용어구에서 관사의 필요성이 절실한 이유도 이와 같습니다. "in dark"는 "어둡게 하던 중에"라는 말로 오인되므로, "어둠 속에서"의 표현이라면 당연히 관사가 사용된 "in **the** dark"가 되어야 합니다. 마찬가지로 "in rain"은 "폭우처럼 퍼붓던 중에"가 되고 "in **the** rain"은 "빗속에서"의 의미로서, 관사를 통해 명사라는 표시를 해주어야만 하는 필요성이 그들에겐 절실하다는 것을 뜻합니다.

이렇듯 명사로 사용되었다는 표시 중의 하나인 부정관사(Indefinite Article)는 말 그대로 부정확한 것을 지칭할 때 사용하는데요, 정관사와는 대비되는 개념입니다. "I met **a** girl"이라는 말은 "한 명의 여자를 만났다"라기보다는 "**어떤** 여자를 만났다"로 보아야 한다는 말이지요.

우리말에서도 "길을 건너다 한 여자와 눈이 마주쳤는데…"에 쓰인 '**한** 여자'는 '단 하나'가 아닌 '어떤'의 의미로 사용된 것과 유사한 경우입니다.

또한 우리말의 '한'이라는 관형사는 수량이 하나임을 나타내기도 하고(한 사람, 노래 한 곡), '어떤'의 뜻을 나타내기도 하며(옛날 강원도의 한 마을에 효자가 살고 있었다), 수와 양의 '대략'을 의미합니다(한동안 뜸했었지, 한 30 명의 학생들).

영어도 우리말처럼 부정관사 A는 수와 양에서 '대략', '어느 만큼', '어떤'의 의미를 내포하고 있습니다. little이나 few라는 말 앞에 부정관사

a가 붙으면 본래의 뜻과는 달리 "어느 정도 있는"의 의미가 되는 것도 이런 맥락입니다. 많이 외웠듯이 little은 양적으로 적고 few는 수적으로 거의 없는 상태를 나타내는데, 여기에 '대략', '어느 만큼'의 수식어 a가 붙어서 "조금은 있다"는 의미로 사용된다는 말이지요. 쉬운 예로 콩이 거의 없는 봉지가 몇 개쯤 있기에, 결국 콩은 좀 있는 상태가 된다고나 할까요? 역시 물이 거의 없는 컵이 몇 개 있기에, 물을 모아 보니 좀 되더라~는 식의 사고방식이라고 이해하면 됩니다.

(1) Here lies a man who knew how to enlist in his service better man than himself.

(2) Here lies the man who knew how to enlist in his service better man than himself.

(1)번 문장은 '철강왕'으로 유명한 카네기의 묘비명인데요, 그 뜻을 보자면 "여기 자기보다 나은 사람을 쓸 줄 알았던 **어떤** 사람이 잠들다" 정도가 되겠네요. 그리고 (2)번 문장은 (1)번 문장에서 부정관사 a를 정관사 the로만 바꾼 것입니다. 말하자면, 관사의 차이만이 있을 뿐인데요, 이 경우 어떤 것이 옳다 그르다의 개념으로 접근하지 말고, 관사로 인한 의미의

차이를 인식해야 합니다. 말했다시피 전자가 '대상을 뚜렷이 밝히지 않은' **'어떤 사람'**의 의미라면, 후자는 '전후관계로 보아 누구나 그 대상이 누구인지 아는' **'그(특정) 사람(카네기)'**을 지칭한다고 받아들일 수 있을 겁니다. 이런 유형의 인식들이 쌓여서 적절한 표현 능력을 보장하게 됩니다.

정관사와 부정관사를 좀더 명확하게 이해하려면 무관사의 형태에 조금 더 접근하는 것이 바람직한데, 미래 분사 활용에서 무관사의 모습을 분명히 알 수 있습니다.

Keyword 8

공부하러 가

— 미래분사

이 역시 앞서 여러 차례 언급됐지만, 설명이 없어서 많이 궁금했을 겁니다. 굳이 문법이 아니더라도, 우리 인생에도 과거, 현재, 미래가 있듯이 분사에도 당연히 있어야 할 미래에 대한 부분이 빠져 있다고 생각해 본 일은 없습니까? 지금까지 본 것과 같이 현재 분사, 과거 분사가 각각 고유의 역할로 인해 언어의 중요한 구성으로 존재하는데, 미래 분사가 없다는 사실에 작은 의문은 당연히 있었어야 하지 않았나 싶네요.

참고로 우리말 현재 분사는 어미를 '-은/는'으로 바꾸어 사용하고, 과거 분사는 '-(었)던' 그리고 미래 분사는 '-을/를'을 이용해 표현합니다. 영어도 어미를 -ing나 -(e)d로 바꾸어 사용하는데, 미래 분사만 To를 사용해서 두 개의 문자로 표시합니다. 이 부분은 영어에만 국한된 것이 아니라 유럽어 전체에 적용되는 방식인데, 그 이유를 찾느라 꽤 시간을 보냈답니다.

사실 영어의 –ing나 –ed는 우리말과 다를 바가 없습니다. 한국어의 '–은'은 –ing이고 '–던'은 –ed이니까 거의 유사한 소리를 이용했다는 점이 재미있지 않습니까? 미래 분사도 우리말 ㄹ 첨가처럼 –l로 했으면 얼마나 편했을까요. 물론 그들도 미래는 'ㄹ'을 써서 Will이나 Shall로 표현하지만, 미래 분사를 To와 연결해 사용하게 된 데는 다른 이유가 있더군요.

바로 종교적인 이유로 현재나 과거와 달리 미래는 신의 손에 달렸다는 존중의 개념으로 이해하세요.

흔히 우리가 **to 부정사라고 이야기하는 부분이 바로 미래 분사**입니다. Infinitive라는 이름이 나타내듯이 제한되지 않은, 시간과 공간적으로 무한한 상태를 나타내는 어법적 구성소입니다. 현재 분사와 과거 분사가 시간적으로 제한된(finite한) 행위를 뜻하니까, to 부정사는 미래 분사의 개념으로 보아도 좋다는 말이죠. 즉, **앞으로 일어날 행위에 대해 언급할 때에는 무조건 미래 분사를 사용하면 된다**는 말이기도 합니다.

"He is going **to school**"이라는 문장도 미래 분사가 사용된 대표적인 예입니다. **to 다음에 관사가 없이 School이 왔으므로, 당연히 동사로 쓰였을 테니까** 의미도 "그가 학교에 간다"는 말이 아니라 "그가 공부하러 혹은 가르치러 간다"의 뜻입니다. 또 한 번 당황스럽죠? 비슷한 예로는 "I am going to church"나 "I am going **to restaurant**"를 들 수 있습니다. 어느 사전을 뒤져보아도 restaurant의 동사적 의미는 찾아 볼 수 없지만, 식사를 하러 가면서 "I am going to the/a restaurant"라고 하지는 않습니다.

만일 "He is going **to the restaurant**"라고 표현하면, "먹거리 파는 곳

(식당)에 간다"든가 누구나 아는 '그 식당'에 간다는 의미인 거죠. 또한 "He is going **to a restaurant**"은 '어떤' 식당에 간다는 뜻을 표현하는 것이고요. 중학 시절에 "go to bed"와 "go to the bed"의 차이에 대해서 배운 기억이 있지요? 관사가 없으면 자러 가는 것이고 있으면 침대를 정리하거나 뭔가를 가지러 간다고 배웠지만, 그런 차이보다는 **관사가 없이 사용된 bed는 본래의 동사적 의미인 "잠을 자다", "잠을 재우다"의 뜻으로 쓰이면서 미래적인 의미가 포함되어 있다고 이해**하면 쉽습니다.

그럼 Church로 정리를 해보지요. "going to church"는 예배를 보러 간다는 의미이고, "going to the church"는 어떤 볼일을 위해 교회라는 곳에 간다는 뜻을 나타내고 있습니다. 페인트칠을 하러 갈 수도 있고, 복사기를 고치기 위해 교회를 방문할 수도 있지요. 또는 누구나 인지하는 '그 교회'에 가는 경우에도 사용하지요. 이런 이유로 "going to a church"는 어느 교회를 선택하기 위해 여기저기 다녀보는 중에 사용한다고 보면 됩니다.

결국 미래 분사의 활용만 바르게 터득한다면, 품사적인 문제나 시제적인 이해를 한꺼번에 해결할 수 있습니다. 또한 지금까지 동일한 명사적 용법으로 알고 있던 believing과 to believe의 차이도 분명하게 인식할 수 있습니다. 흔히 "Seeing is believing"과 "To see is to believe"를 동일하게 취급하고 있지만, 시제적인 차이를 인식하지 못하고 문법적인 차이에 치중한 오류가 생길 수밖에 없었던 거죠. 우리말로 옮긴다면, 전자는 "보는 것은 믿는 것이다"이고, 후자는 "보려는 것은 믿으려는 것이다" 정도가 되겠죠.

또한 전자의 경우를 동명사, 후자는 to 부정사의 명사적 용법이라고 들 하는데, 이 역시도 축약의 묘를 간과한 결과입니다. "Seeing is believing=Seeing something is believing something"이 본래의 모습인 겁니다. 축약의 형태를 인정하지 않다 보니, 상황에 따라 각각 달리 부르는 일까지 생긴 거지요. 아마 여러분도 관계사에 대한 이해에 도달하고 나면, 줄임말의 묘미를 만끽할 수 있을 겁니다.

현재	미래	환경
She is holding a flash light	to find a book	under the bed.
He is sitting on the bench	to enjoy good weather	with Heebum.

말이란 규정된 문법에 따라 문장을 구성하는 것이 아니라, 화자의 생각을 나타내는 것입니다. 위에서 보듯이 화자의 생각에 따라 앞부분만 표현되기도 하고, 필요에 따라 미래적 표현이나 환경적인 서술이 첨가될 수도 있다는 말이죠. 다시 말하면, 언어 능력의 발달은 표현의 추가를 통해 성장합니다.

I went to the air port.		
I went to the air port	to send a parcel.	
I went to the air port	to send a parcel	for my girl friend.

어법이란 이렇듯 표현의 추가를 통해, 보다 상세한 정보를 전달하기 위해 습득하는 것입니다. 따라서 영어로 길게 말을 하는 훈련이 문법적 활용 능력에 큰 도움이 됩니다. 또한 올바른 말뭉치 형태를 익히게 되면, 말의 순서 또한 문제가 되지 않습니다. 말이란 생각나는 대로 표현하는 것이기 때문입니다.

He is studying hard	to be a lawyer	with Jinnog.
To be a lawyer,	he is studying hard	with Jinnog.
With Jinnog,	he is studying hard	to be a lawyer.

결국 문법을 익히는 이유는 생각나는 대로 — 번역 없이 — 말을 하기 위함입니다.

I	am catching.	am caught.	have caught.	am to be caught.
We	are catching.	are caught.		are to be caught.
You				
They				
He	is catching.	is caught..	has caught.	Is to be caught.
She				
It				

I	am helping.	am helped.	do help.	am to be helped.
We	are helping.	are helped.		are to be helped.
You				
They				
He	is helping.	is helped.	does help.	is to be helped.
She				
It				

- **help의 경우, 영문법상에선 현재 분사형에 제약이 많습니다. 하지만 실용적으로 아주 빈도가 높은 어휘입니다.**

Keyword 9

분사 활용의 묘미

분사는 행위와 시간이라는 언어의 중요한 부분을 한 몸에 지닌 형식이라서, 그 활용의 폭이 넓을 수밖에 없습니다. 앞서 살펴본 것처럼 진행, 수동, 완료의 표현이 가능하게 할 뿐만 아니라, 축약을 통해 보다 많은 행위들을 짧은 말로 표현하게 해줍니다.

한 남자가 의자에 앉아 있고 그 남자가 모자를 쓰고 있다면, 우리말에서는 "모자 쓴 남자가 의자에 앉아 있다"고 하든지 "의자에 앉은 남자가 모자를 쓰고 있다"고 표현합니다. '모자를 쓴 남자'나 '의자에 앉은 남자'라는 표현이 우리말에서도 분사의 활용으로 발생하는데, 영어도 동일한 방식으로 행위의 축약이 이루어집니다.

"A man is sitting on a chair"와 "A man is wearing a hat"의 두 개념은 "A man sitting on a chair, is wearing a hat"이나 "A man wearing a hat, is sitting on a chair"로 표현되는 것이죠. 이때, 축약된 "A man sitting on a chair"는 "A man is sitting on a chair"에서 변형된 것인데, 그 변화의 규칙을 살펴보겠습니다.

앞서 진행형에서 "a man is running"은 "a man is a running man"이라는 원어민들의 개념을 설명한 바 있습니다. "그는 뛰고 있어"가 아니라 "그는 뛰는 남자이다"라는 개념에서 '이다'를 빼면, 즉 **'is'를 탈락시키는 것만으로** '뛰는 남자'라는 표현이 가능합니다.

따라서 필요에 따라 "아침을 먹는 남자가 신문을 보고 있다"는 "A man having breakfast is reading newspaper"로 간략하게 표현이 가능해지는 것입니다. 여기서 **현재 분사의 특징을 그대로 둔 채로, 동사의 시제를 변화시키면 행위의 시간적 차이까지 표현**할 수 있습니다. 말하자면, "A man riding a bus **was** making a phone call"에서 보듯이 "**지금** 버스를 타는 남자가 **아까 혹은 어제** 전화를 걸고 있었다"는 표현도 가능합니 다. 같은 현재 분사이지만, "A man riding a bus"는 지금 일어나는 상황이고 과거 시제 was와 함께 사용된 "making a phone call"은 그 당시에 이루어지던 행위를 뜻합니다.

같은 방식으로 미래적 표현도 사용됩니다. "A man **to go** to Europe"이라는 미래적 표현은 "A man **going** to Europe"과 시제 차이를 보입니다. "유럽에 **가려는** 남자"와 "유럽에 **가는** 남자"라는 차이가 분사 고유의 역할에 따라 발생하는 것이죠.

그런데 우리는 이런 축약의 기능보다는 소위 관계 대명사로 표현하기를 즐깁니다. 말하자면, "학교 가는 아이가…"라는 표현은 "a boy going to school is…"로 하면 될 것도, "a boy who is going to school, is…"로 말하는 습관 아닌 습관에 길들여져 있는 거죠. 이 역시도 분사가 갖는 행위와 시간적 특성에 대한 이해가 부족해서 빚어진 결과입니다.

사실 **관계사 사용은 하나의 강조 용법**이라고 할 수 있습니다. "이 글을 읽는 분들, 독자 여러분들이 바로…" 뭐, 이런 식의 강조적 표현이라는 말입니다. "The voters, who are sitting in front of me…"와 같은 강조법이라서, "The voters sitting in front of me are …"처럼 일반적인 표현과 구분됩니다. 결국 우리는 지금까지 쓸데없는 강조적 표현을 해 왔다는 얘기가 됩니다.

그러니 "A man willing to be a doctor is finding a book"과 같은 간단한 내용도 "A man who is willing to be a doctor, is trying to find a book" 처럼 쓰고 있는 거지요. 이런 표현을 굳이 잘못되었다고 하기는 그렇지만, 우리말 사용에 대비하면 약간 한심스런 기분이 들기도 합니다.

빨간 옷 입은 소녀가 넘어졌어. — 빨간 옷 입은 아이, 그 소녀가 넘어졌어.

공부하던 대학생이 일어섰어. — 공부를 하던 사람, 그 대학생이 일어섰어.

의미상으로는 큰 차이가 없어 보이지만, 계속해서 이런 식으로 말을 하는 사람과 함께 대화를 한다고 생각해 보세요. 아마 인내심 테스트라고 생각할 수도 있겠지요. 따라서 **현재 분사와 미래 분사를 사용하는 경우에는 가급적 관계사를 쓰지 않으려는 인위적인 노력이 필요**합니다. 이렇듯 분사의 활용으로 축약의 맛을 즐기는 문법적 방법은 아주 단순합니다. 모두 **여덟 가지**

의 시제 구분일 뿐이니까요.

1. 더하려고	to add	5. 더해지려고	to be added
2. 더해 보려고	to have added	6. 더해져 보려고	to have been added
3. 더하는 상태고	adding	7. 더해지고 있고	being added
4. 더했고	added	8. 더해진	been added

여기서 수동태를 우리말로 옮길 때 "더해짐을 당했고…" 등으로 개념을 이해하려고 하면, 결국 여러분 자신의 표현으로 사용할 수 없게 됩니다. 우리말은 영어와 달리 때린다는 말과 맞는다는 말이 따로 있으니까, 때림을 당한다는 이상한 개념에 젖을 이유가 없습니다. 특히 영어의 어법적 구분은 Put, Broadcast처럼 현재, 과거, 과거 분사가 동일한 경우에도 충실히 그 의미를 전달하도록 되어 있습니다.

차려고	to kick	때리려고	to hit
차 보려고	to have kicked	때려 보려고	to have hit
차는	kicking	때리는	hitting
찬	kicked	때린	hit
채이려고(채일)	to be kicked	맞으려고(맞을)	to be hit
채여 보려고	to have been kicked	맞아 보려고	to have been hit
채이는	being kicked	맞는	being hit
채인	been kicked	맞은	been hit

그럼, 이를 이용해 문장을 만들어 봅시다. 여러분 스스로도 여러 문장을 시도해 보세요.

A boy about to kick a ball is running around the play ground.

A girl about to have kicked her boy friend is making a phone call.

A girl kicking a cat is wearing no socks.

★ A girl kicked her boy friend is handing to the cashier.

A girl about to be kicked her ass by Mr. Kim, is smiling to him.

A man about to have been kicked from his boss, built a perfect plan to pay back.

A man being kicked by his lover is thinking the way to get the ear ring back, that he gave her couple of days ago.

A lady been kicked yesterday is getting into a night club to find a new wolf.

그렇다면, 우리는 왜 지금까지 관계 대명사에 얽혀서 빙빙 돌아가는 영어를 해 왔을까요? 거기에도 수긍할 만한 이유는 있습니다. 과거에 일어난 행위를 표현할 때, 과거와 과거 분사적 표현이 상충되기 때문입니다. 어렵게 말하자면 위의 용례 중, ★ 표시가 된 경우에 야기되는 불편을 해소하기 위해서 관계 대명사의 필요성이 대두되었습니다. 쉽게 얘기하자면, **영어는 불규칙 동사를 제외하고는 불행히도 과거형과 과거 분사의 구분이 되지 않으**

니까 하는 수 없이 관계사의 신세를 지게 된 것입니다.

"A girl received a parcel the day before yesterday, is handing to the cashier"라는 말은 두 개의 서술 동사가 한 문장에 사용된 문법적 오류로 인식됩니다. receive의 과거와 과거 분사의 모습이 같기 때문이죠. "A girl come with me is called Hanna"의 경우는 girl 다음에 오는 come이 과거 분사라는 점이 분명하므로, "나와 함께 온 여자"로 인식되지만(come–came–come에서 3인칭 단수로 사용되지 않았으므로 분사라는 인식이 가능합니다), 형태가 동일한 대부분의 동사엔 그 구분이 없기에 관계사의 필요성이 대두됩니다.

따라서 "그제 소포를 받은 여자"라는 표현은 "A girl who received a parcel the day before yesterday, is…"로 사용되어야 본연의 뜻이 전달됩니다.

The man gone with the wind is living in Seoul. (○)

The man who went with the wind is living in Seoul. (○)

A woman talked to a policeman is wearing a hat. (×)

A woman who talked to a policeman is wearing a hat. (○)

이렇게 과거 분사의 활용은 현재 분사나 미래 분사의 사용에 비해, 조금은 번거롭습니다. 그리고 그 작은 불편은 불규칙 동사의 탄생으로 이어집니다. 그럼 다음으로 불규칙 동사에 대해 살펴볼까요?

Keyword 10

불 규 칙 동 사 의 탄 생

앞에서 우리가 지금까지 관계사에 얽매인 채 영어를 해 온 이유를 설명했습니다. 바로 영어 동사의 대부분이 과거와 과거 분사에 구분이 없기 때문이라는 것이죠. 그런 불편함 때문에 탄생한 것이 불규칙 동사인데요, 당연히 불규칙 동사의 절반은 과거와 과거 분사의 모습이 다르다는 점에 유의해야겠죠. 그럼 아마 사용 빈도가 높은 어휘들이 불규칙한 형태를 가지고 있는 이유까지 유추할 수 있을 겁니다.

bear	born	fly	flown	show	shown
bite	bitten	forget	forgotten	speak	spoken
blow	blown	freeze	frozen	steal	stolen
break	broken	give	given	swear	sworn
choose	chosen	go	gone	take	taken

do	done	grow	grown	tear	torn
draw	drawn	hide	hidden	throw	thrown
drive	driven	know	known	wake	waken
eat	eaten	ride	ridden	wear	worn
fall	fallen	shake	shaken	write	written

자 이렇게 불규칙 동사가 필요한 이유는 설명했는데요, 어떤가요? 불규칙 동사라고 생각하기만 해도 머리가 지끈지끈 아프지 않나요? "아, 무조건 외워야 해" 하고 말이에요. 하지만 절대 그렇지 않습니다. 불규칙한 변화 안에도 규칙은 존재하니까요.

1. 원형의 모음이 A나 O인 경우엔, 뒤에 N을 첨가합니다(자음으로 끝나면 EN, 모음은 NE첨가).

draw—drawn, shake—shaken, take—taken, wake—waken, fall—fallen

blow—blown, do—done, go—gone, know—known, show—shown, throw—thrown

2. 장음이 포함된 어휘는 O로 변환해서 N이 첨가됩니다.

break—broken, choose—chosen, freeze—frozen, steal—stolen

3. 원형의 끝소리가 R인 경우는 ORN으로 변환되어 분사의 역할을 합니다.

tear—torn, wear—worn, bear—born, swear—sworn

4. 원형의 모음이 [ai]인 경우 짧게 [i]로 변환되며 N을 첨가합니다.

bite—bitten, drive—driven, hide—hidden, ride—ridden, give—given

이렇듯 **언어의 모든 변화는 규칙에 의존할 수밖에 없습니다.** 불규칙의 탄생 배경이 편안한 사용이기에 자주 쓰이는 동사에 적용되었지만, 자주 사용되지 않는 단어라 하더라도 여러분의 의도에 따라 축약의 방식을 사용할 수도 있습니다.

영문 소설가 안정효 씨는 필요에 따라 영어 단어를 만들어 사용한다고 했던가요. 다른 말로 하면 어휘의 규칙에 부합된다면, 원어민이나 그에 준하는 영어 능력을 가진 사람들의 이해에 문제가 없다는 말이기도 합니다.

말하자면, "The man who faced fearful odds, solves his problem"의 경우를 "The man facen fearful odds solves his problem"로 표현할 수도 있다는 말입니다. 물론 억지로 이런 활용을 훈련할 필요는 없지만, 이런 시도는 영어의 규칙성을 인식하는 기회가 됩니다.

이와는 반대로 모든 동사의 변화를 규칙으로 사용해도 좋겠지요. 지금까지 영어 학습의 어려움이 그 불규칙성에 있었다면, 작은 노력으로 기존의 두려움을 불식시킬 수 있습니다. 가깝게 지내는 원어민이나 영어 강사에게 "I goed to Busan last week"이라고 말하면, 그(그녀)가 미소와 함께 자상하게 "You went to Busan"이라고 교정해줄 겁니다. 즉, 모든 동사를 규칙으로 사용해도 의사소통엔 문제가 없다는 반증입니다.

따라서 **동사의 규칙성이 몸에 익을 때까지는, 불규칙에 연연할 이유가 없습니다.** 지금까지처럼 불규칙 동사에 집착하다 보면, 당연히 규칙적인 일반 동사도 불규칙이 아닌가 하는 의구심을 갖게 됩니다. 다시 강조컨대, **동사의 변화도 우선 규칙적인 사용 습관을 들인 후에 불규칙에 적응하는 것이 바른 순서**입니다. 전체 동사의 숫자 중, 불규칙 동사의 수는 0.01퍼센트도 되지 않으니까요.

Keyword 11

의문문은 없다

음성 언어에서는 말의 끝을 올리는 것만으로도 충분히 의문의 표시가 됩니다. 글의 경우는 의문부호를 넣는 것으로 이를 대신하고 있고요. 다만 여러분이 목표하는 영어는 동사의 위치가 바뀌거나 조동사가 사용되면서 의문문을 만든다는 사실이 사용을 불편하게 하는 요인입니다. 사실 단순히 불편하게 하는 정도가 아니라, 번역이라는 악습이 개선되지 못하는 원인이기도 합니다.

저도 영어의 의문문 형태가 매우 불편하다고 항상 생각하고 있었는데, 스페인어를 접하면서 그들의 생각을 이해하게 되었습니다. 스페인어는 의문문을 글로 표기할 때 문장의 앞부분에 거꾸로 된 의문 표시를 더하는데, 이는 평서문과 의문문의 차이가 없기 때문이었습니다. 말에서는 뒤를 올리는 것으로 의사 표현이 충분하지요. 하지만 긴 문장의 경우에 끝에만 의문 표시를 붙이면 작은 혼동이 오기 때문에, 아예 문장 앞에 요상한 의문 부호를 넣게 된 것입니다. 영어에 대한 궁금증을 스페인어를 통해서 해소했다는 점이 재미있습니다.

물론 우리는 문장이 아무리 길어져도 "밥 먹을 거야"와 "밥 먹을 거야?"의 차이에 "¿밥 먹을 거야?"와 같은 중복 표기를 하지 않기 때문에 이해하기 어려운 점도 있습니다만, 스페인 사람들도 나름의 고충을 덜기 위해 정한 규칙입니다. 여기서 또 한 번 한글과 한국어의 우수성을 다 함께 느끼면 좋겠네요.

캐나다 토론토에서 멀지 않은 곳에 구엘프라는 작은 도시가 있는데, 그곳에 가면 재미있는 현상을 체험할 수 있습니다. 뉴욕 주 북부 출신이 많은 그곳은 우리의 호남 방언처럼 영어를 사용합니다. "You gave him a card↘, uh↗"처럼 사용되는 것으로 "갸한테 카드 줬겄지↘, 잉↗"과 동일한 방식이며, "You gave him a card↗"라고 말해도 의사소통에 전혀 지장이 없습니다. 이런 식의 영어는 영화에서도 종종 보게 되니까, 그다지 낯설지는 않을 겁니다. 아주 구수한 영어라고나 할까요!?^^

이와 비슷한 유형의 유명한 광고도 있습니다. 점원이 Air Miles 카드가 있느냐고 묻는데, 여자가 가방을 뒤적이면서 "Do I have Air Miles↘"라고 말합니다. 누가 봐도 이 말이 "내가 에어마일을 가졌나?"의 뜻일 수는 없겠죠. 그저 "에어마일 카드가 있나~↘"의 자기 확인 정도인 것입니다. 즉 형태는 의문이지만, 의문이 아니라는 묘한 말이 되네요.

물론 학교 문법에만 익숙한 사람들 중에는, 이런 형태의 말을 '오류'라고 단정 짓는 분들이 적지 않습니다. 하지만 영어권에서 사용하는 말을 부정하는 '진짜 오류'를 범하는 것은 아닐까요? 즉, 여러분도 격의 없는 상대와 대화를 할 때는 얼마든지 평서문의 뒤를 올리는 것만으로 의문의 표시를 해도 무방하다는 얘기입니다. 물론 일상에서는 의문의 형식을 따르는 것이 좋겠지요. 하지만 지금까지 하던 식으로, 주어와 동사의 위치를 바꾸어 의문문을 만들거나 조동사를 첨가해서 의문의 형태를 꾸미려고 해서는 절대로 편안하게 영어를 쓸 수 없습니다. 언제나 머릿속에서 평서문을 만들고 나서 의문의 문장을 꾸며야만 하니까요.

영어의 의문 형식은 사실상 강조의 연장선상에 있습니다. "So do I"와 "I do so"의 차이로 충분히 이해할 수 있겠죠. 전자는 "나도 그래"라는 말이고 후자는 "나는 그렇게 해"라는 말입니다. 즉 어떤 행위를 하는 것에 대한 설명은 후자의 형태를 취하지만, 전자는 누군가 언급한 행위에 맞장구를 치는 경우로 '도치에 의한 강조'가 활용되었음을 알 수 있습니다. "He thinks so"가 단순히 "그렇게 생각해"라는 말인 반면, 그에 대한 맞장구는 "So do I"가 되어 "그렇게 해, 나도" 정도의 행위 강조가 되는 겁니다.

우리가 고민해 온, 의문의 용법도 이와 다를 것이 하나도 없습니다. 우리가 '~까↗', '~냐↗' 등의 의문형 어미와 억양을 동시에 사용하듯이, 이들도 **강조와 억양을 함께 사용한다**고 생각하면 됩니다. 따라서 앞으로는 **의문이라고 생각하는 대신, 강조한다는 느낌으로 질문하는 습관**을 키워야 합니다. "You are going to school"에서 주어 동사가 바뀌어 "Are you going to school?"로 변화되는 것이 아니고, "Are you↘____going to school↗"의 강조와 성조의 복합으로 인식해야 한다는 거지요.

지금까지의 잘못된 습관 때문에 쉽게 달라질 부분은 아니니까, 조금 더 강조에 대해 이야기를 해봅시다. 어떤 사람이 "That is a good stuff" 라고 했을 때, 맞장구치는 여러분의 말은 "Is it↘"이 될 겁니다. 우리말로는 "그렇군요" 정도가 되겠죠. 그리고 이 말은 "Is it↘__ a good stuff↘"의 줄임형입니다. **주어와 동사의 위치를 바꾸는 것이 아니라 단순히 동사가 앞에 쓰이는 것만으로 강조의 표현이 된다**는 건데, 아직도 조금 생소하지요?

"I'm the boss of this department"라며 거들먹거리는 사람에게 "Are you↘"라며 기분을 맞춰주는 경우도, "Are you↘__the boss of this department↘"의 축약으로 "당신이 이 부서의 대장이군요↘"라는 강조입니다. **이런 강조 방식에 적용되는 세계 공통의 형식은, 말의 뒤를 올리거나 내림으로써 의문으로 변환된다는 것**입니다. 조동사가 포함된 "I do love her"의 강조 형식을 보면, 다음의 방식들도 어렵지 않게 이해할 수 있습니다.

평서문	강조문	의문문
I do love her.	Do you↘ (love her)↘	Do you (love her)↗
She can do this.	Can she↘ (do this)↘	Can she (do this)↗
I gave her some.	Did you↘ (give her some)↘	Did you (give her some)↗
You should go.	Should I↘(go)↘	Should I (go)↗

따라서 **영어의 의문문을 편안하게 사용하기 위해서는, "아~ 그랬군요"나 "네~ 그러네요"처럼 맞장구를 많이 쳐주는 것이 좋습니다.** 영어로 치자면 주로 "Are you↘", "Oh~ Is he↘", "Aren't They↘"와 같은 말인데, 이런 강조가 몸에 배면 의문의 의도가 발생할 때 저절로 끝이 올라가면서 말하고자 하는 바를

전달하게 됩니다. 응용해서 부가 의문문으로 훈련하는 사람들이 있는데, 나중에 꼭 후회하게 되니까 조심하세요!!

물론 이런 방식의 훈련도 몇 주간 지속적으로 했을 때에야 비로소 활용이 가능해집니다. 하지만 머릿속에서 평서문을 만들고 난 후 주어 동사의 위치를 바꾸는 행위를 계속하는 것에 비하면, 너무나도 간편한 방법일 수밖에 없습니다. **바로 영어 원어민들의 사고방식이니까 말이죠.**

이 훈련의 또 다른 장점은, **시제에 대한 감각이 크게 향상된다**는 점입니다. 자신의 의도에 시제적 개념이 포함되는 것이 아니라 상대의 시제에 맞장구만 치기 때문에, 반복 훈련을 통해 시제적 오류의 감소가 눈에 띄게 나타납니다.

아래의 표는, 어휘를 바꾸어 가면서 맞장구와 의문 형태를 훈련하는 자료입니다. 영어의 맞장구치기는 우리말로 하면 "아! 그러시군요" 정도가 될 것 같네요.

서 술	맞장구	의 문
I do love you.	Do you↘	Do you – love me↗
He did study hard.	did he↘	did he – study hard↗
They are making problems.	Are they↘	Are they – making problems↗
We had a lot of apples.	Did you↘	Did you – have lot of apples↗
I have tried to go there.	Have you↘	Have you – tried to go there↗
I want to be a teacher.	Do you↘	Do you– want to be a teacher↗
He goes to school.	Does he↘	Does he – go to school↗

I will go for it.	Will you↘	Will you – go for it↗
He shall love her so soon.	Shall he↘	Shall he – love her soon↗
They can do that very well.	Can they↘	Can they – do that well↗

맞장구치기 훈련 자료는 단순히 주어 동사의 위치를 바꾸려는 노력에서 벗어나게 해줍니다.

They are talking in the living room.	↘
She is talking to a policeman.	↘
The moon is shining brightly.	↘
A boat is at sea.	↘
You have to do it right now.	↘
A man is running on the roof.	↘
The program has been modified.	↘
He has gone with her.	↘
He took his chance on right time.	↘
We changed the rule for kids.	↘

Keyword 12

필요가 만든 도우미
— 조동사

그럼 조동사의 존재 이유에 대해 살펴볼까요. 여러분도 이제 살짝 눈치를 채셨겠지만, 말의 형태를 학문적인 지식에 의존하기보다는 **영어 원어민의 입장에서 생각**하는 것이 훨씬 바람직한 결과에 도달하게 됩니다. 그럼 왜 그들은 조동사가 필요했을까요!?

조동사라고 하면 Can, May, Will, Shall, Do가 떠오릅니다. May는 추측을 할 때 사용되고, Can은 가능성에 대한 표현이며, Will과 Shall은 미래를 뜻하고, Do는 강조를 할 때 사용하기 위한 것이죠. 물론 각 단어마다 나름대로의 의미를 가지고 있으며, 본래의 존재 이유에 근접한 뜻을 포함하고 있습니다.

이런 조동사들은 언어가 사용의 폭을 넓히면서, 보다 다양한 의미를 전달할 필요가 발생되어 생겨난 것들입니다. "먹는다"는 말에 "먹을 수 있다 혹은 없다"는 가능성을 표현할 필요에 의해 Can이라는 어휘가 발생하고, 그럴 수도 있고 아닐 수도 있다는 불확실성을 표현하기 위해 May가 출현했다고 보는 거지요. Do는 일반 동사가 활용된 강조에 가장 많이 소용되는 것이고요.

Will과 Shall은 모두 미래를 표현하지만, 자유와 강제의 구분으로 분류됩니다. Will이라는 말이 명사로 '유서, 유언'으로 사용되는 것만 보아도 주체의 의지를 나타내는 말이라는 사실을 알 수 있는 데 반해, Shall은 강제적인 미래를 의미한다고 보면 됩니다. 다시 말해서 Will은 사람의 의지로 기약하는 미래라서 불확실성이 있고, Shall은 필연적인 미래를 뜻합니다.

특히 Shall은 1인칭과 2인칭에만 사용되는 것처럼 설명하는 경우가 있는데, 두 어휘의 차이는 강제와 자유의지에 있을 뿐입니다. 당연히 인칭에 따라 그 사용이 제한될 수는 없다고 냉정하게(?) 생각하세요. 그럼 다음의 예문을 통해, 두 어휘의 차이를 분명하게 인식해 봅시다.

I will teach you.	내가 널 가르칠 거야.
I shall teach you.	난 널 가르쳐야만 해.
This is what you will do.	이것이 네가 할 것이야.
This is what you shall do.	이것이 네가 해야만 할 것이야.
He will hear my voice.	그가 내 목소리를 들을 거야.
He shall hear my voice.	그는 내 목소리를 들을 수밖에 없어.
They will not pass.	그들은 지나가지 않을 거야.
They shall not pass.	그들은 지나갈 수 없어.

따라서 "Shall we dance?"나 "Shall we go out for shopping?" 등의 말은 겸양이나 상대의 의향을 공손하게 묻는다기보다는, "한번 춰야 하는 것 아닌가요!" 혹은 "이제 쇼핑 나가야 하잖아!"와 같은 강제성을 띠고 있다고 보는 편이 옳습니다. 물론 근래 Shall의 이런 강압성 때문에 상당히 많은 부분이 Will로 대치되고는 있지만, 본래의 의미는 바르게 알아야죠. 지금도 가정법상의 should는 훼손되지 않은 채, 많이 활용되고 있으니까 말입니다.

영어	프랑스어	스페인어	독일어	이탈리아어
university	université	universidad	universität	università
student	étudiant	estudiante	student	studente
study	étude	estudiar	studie	studiare
table	table	tabla	tabelle	tabella
book	livre	libro	buch	libro

위의 표에서 보듯이, 유럽어 단어들은 문자 표기상 모양이 상당히 비슷합니다. 우리말에 비유하면 "뭐야—뭐꼬—뭐시여—뭐랑께" 정도의 차이에 불과하지 않은가요! 물론 음성으로 표현될 때에는 각 언어의 조음 특성으로 다르게 들릴 수도 있지만, 단어의 기본 형태는 동일한 뿌리에서 시작되었다는 사실을 누구나 알 수 있습니다.

캐나다의 E.S.L. 프로그램이 매우 효과적이라는 찬사를 받는 이유가 바로 이런 어휘의 유사성 때문입니다. 본래 English as a second language라는 과정이 우리 동양인을 위해서 만들어진 것이 아니라 **비슷한 언어 사용자들을 위한 일종의 사투리 교정 과정**으로 제작되었으니, 유럽인을 대상으로 했을 때 그 결과가 대단할 수밖에 없다는 것이죠.

E.S.L.의 이런 배경도 모르는 채, **우리 젊은이들이 엉뚱한 과정에 들어앉아 열심히 땀을 흘리는 것이 현실**입니다. 도대체 왜 잘 안 되는지 모르겠다며, 고개를 절레절레 흔들기까지 하면서 말이죠. 경상도, 전라도, 충청도 사람을 위한 표준어 학습 과정에, 한국어를 배우겠다며 파란 눈의 아가씨가 열심히 출석하는 것과 무엇이 다를까요! 물론 그렇게 1년쯤 지내면 그 아가

씨의 한국어는 어느 정도 진전을 보이게 될 겁니다. 표준어뿐만 아니라 각 지방 사투리까지 두루 섞인 채로 말이죠.

따라서 세계 최고라고 일컫는 캐나다의 E.S.L. 프로그램에서 원하는 성과를 얻기 위해서는 적어도 유럽어 중 어느 하나에 능통하거나 또는 E.S.L. 과정에 필요한 기본 교육을 먼저 이수해야 합니다. 이미 많은 젊은 이들이 미국 등지에서 갖가지 E.S.L.을 경험하면서 느낀 바가 무엇이었습니까! 단어도 문법도 제대로 모르는 브라질, 헝가리 친구들은 마구잡이로 보이기는 하지만 몇 달이면 영어가 좀 되는데, 우리 한국인과 일본인만 항상 제자리걸음이던 모습 아니었습니까? 정말 어처구니없는 이런 결과의 이면에는, 분명한 이유가 있었음을 명심해야 합니다.

아 는 데
안 돼 !

영어를 공부하면서 이렇게 탄식해 본 분들이 많을 겁니다. 왜 그럴까요? 결론부터 말한다면 '개념의 최소 단위'인 단어를 감성에 의지하지 않고 지식으로만 알기 때문입니다. 안다는 사실과 습득한다는 것의 차이를 설명하기 위해, 언어와 같은 종류(기능)인 운전을 생각해 보지요.

친구나 가족 중에 아직 운전을 배우지 못한 사람에게 운전을 '알게' 해 보세요. 운전대에 앉혀서 실습을 시키는 것이 아니라, 지식으로서 운전을 가르쳐 보자는 말입니다. "운전대는 두 손으로 잡되 너무 꼭 잡거나 느슨하게 잡지 말고" "클러치는 살살 떼면서 액셀을 밟아주고, 이때 액셀을 갑자기 밟아서는 안 되며 서서히 차가 나가는 것을 봐 가면서…" 식으로 매일 두 시간씩 1년간 학습한다면, 그(그녀)는 우리가 기대하는 운전자가 될 수 있을까요? 그림이나 조향장치 등의 온갖 도구를 동원해서 노력해도 마찬가지일 겁니다. 여러분은 그렇게 열심히 가르쳤는데 이렇게밖에 못 하냐고 화를 내며 질책할 테고, 학습자는 뭔가 잘못 배운 것이 아닌가 하는 의구심에 사로잡히겠죠. 물론 눈치 빠른 학습자라면 이런 무지한 행위를 한 달 이상 지속하지도 않을 겁니다.

잘못된 교육 방식을 경험한 학습자는 운전에 대해 불편한 마음이 솟구치며, 운전은 자신과 맞지 않다고 생각하지 않겠습니까. 바로 교육의 오류가 좌절로 연결되는 예입니다. 물론 언어처럼 자질에 의해 어느 정도 영향은 있겠지만, 슬프게도 이런 교육만으로는 운전뿐만 아니라 그 어떤 기능도 습득이 불가능합니다.

운전대에 앉히기만 하면 빠르면 며칠 늦어도 두 달이면 될 일을, 지식을 통해 해결하겠다고 노력한 결과가 빚어내는 황당함이죠. 국가대표 수영선수가 되겠다고 책상에서 수영 교본을 암기하는 경우만큼 무지한 일입니다. 영어를 지식의 일부로 축적하지 말아야 하는 이유도 똑같습니다. 그리고 이미 부적절하게나마 지식으로 가지게 되었다면, 이제부터는 감성을 향한 방법을 찾아야 합니다.

AWAKEN! ENGLISH

영어치 04

사실 거의 모든 학습자들이 영어로 인해 괴로워하는 원인은 **'제대로 듣지 못한다'**는 데 있는 것 아닌가요? 글로 써서 주면 시간이 걸리더라도 내용을 파악할 수 있는데, 말로 전달되는 영어가 불편하기만 한 현실에서 벗어나기가 쉽지 않다는 겁니다. 그럼, 여기서 간단하게 인지 과정의 일부에 대해 생각해 보지요.

독일 출신의 영국 천문학자 윌리엄 허셜은 천왕성을 발견한 업적으로 유명하지만, 또한 우리 눈에 보이지는 않지만 따뜻함을 느끼게 하는 '적외선'이 존재한다는 사실도 발견했습니다. 이와 비슷한 시기에 보라색 너머에 '자외선'이 존재한다는 것도 밝혀졌지요.

비가시광선이라고 불리는 이 빛들을 우리 눈은 정말 인식할 수 없는 걸까요? 미국에서 생산되는 색안경들이 연구소의 규격에 따라 95퍼센트 적외선 감소 기능을 지닌다거나 근래 백내장의 원인으로 피부를 태우는 자외선에의 노출이 문제시되는 것을 보면, 보이지 않는다는 이 빛들이 실제로는 우리 눈에 영향을 상당히 미친다는 사실을 알 수 있습니다.

즉, 눈은 비가시광선에도 반응한다는 말이죠. 인간의 망막이 진화하면서 이런 종류의 빛에 대한 인식 능력이 감소되어 왔다는 주장도 있지만, 오히려 눈은 감지하지만 두뇌에서 판정이 불가능하다고 보는 편이 옳습니다. 우리가 몸에 상처를 입는 경우에도, 실제로 다친 부위가 아닌 두뇌가 전적으로 아픔을 느끼는 것과 같은 이치입니다.

이렇게 개인마다 뇌가 인식하는 한계에 조금씩 차이는 있지만, 청력에서도 대체적인 범위를 측정할 수 있습니다. 약 20에서 2만 헤르츠를 통상 인간의 가청 주파수라고 부르는데, 이 범위를 벗어나는 소리는 인간이 인식할 수 없다고 합니다. 캐나다에서 장거리 차량 여행에 필수품이라고 할 수 있는 Whistle이 바로 노루나 사슴의 가청 주파수를 이용한 제품인데요, 동물의 가청 음역이 인간보다 높기 때문에 운전자는 듣지 못하지만 차량이 고속으로 달리면서 동물들에게 경고를 전달하는 기능을 하지요.

이처럼 시각과 청각을 통한 인간의 인지력에는 어느 정도 한계가 있습니다. 게다가 이러한 제한된 능력에 더해 색상이나 음정을 올바르게 인지하지 못하는 사람들도 주변에서 가끔 볼 수 있습니다. 분명히 듣고 볼 수는 있지만 두뇌가 특정 파장에 반응하지 못할 때, 우리는 음치나 박치 또는 색맹 등으로 부르게 되는 겁니다. 그렇다면 바늘 떨어지는 소리까지 들을 수 있다는 사람들마저도 **영어가 안 들린다고 호소하는 현상**은 어떻게 설명해야 할까요?

두뇌 활동의 측면에서 본다면, **영어가 잘 들리지 않는 것은 음치와 비슷한**

증상이라고 말할 수 있습니다. 음치는 간단하게 말해 소리에 대한 감각이 둔하고 박자나 음정을 분별하지 못하는 상태입니다. 따라서 한국어는 멀쩡하게 잘 듣는 사람이 영어를 제대로 들을 수 없다면, 후천적 음치의 증상과 동일하게 보아야 한다는 거죠. 즉, **영어의 소리에 약간 둔감한 상태일 뿐**입니다. 그렇다면, "아, 나는 되지 않는구나" 하고 포기해야만 한다는 말일까요? 절대 그렇지 않습니다. 사실 노래방의 출현으로 한국인의 평균적인 노래 실력은 세계 최고입니다. 영어에 대해서도 같은 말을 할 수 있습니다. **이 책에 나오는 내용들을 충실히 따라하고 일상화해 보세요.** 자신의 청취 실력이 크게 향상된다는 사실을 깨닫게 될 것입니다.

일반적으로 음치는 감각적 음치와 운동적 음치로 크게 분류되고 그 원인도 기질적, 청각적, 환경적, 기능적, 심리적으로 분류되는데요, 정말 놀랍도록 우리의 영어 청취력 문제와 부합됩니다. 다만, 청각적 원인은 아예 듣지 못하거나 가는귀를 먹은 경우이므로 예외입니다. 이 중에서 심리적 요인은 **영어를 잘할 수 없다고 스스로 판정 내린 사람들**에 해당합니다. 자신감이 없는 상태에서 정확하게 들으려고 온갖 노력을 하다가 끝내 좌절한 경우지요. 실제로 지식적으로는 상당한 영어 능력을 지니고 있지만, 영어를 들으면서 누군가를 의식하거나 긴장하는 순간 갑자기 멍~해지는 부류의 사람들을 말합니다.

환경적인 원인은 조금 심각한 상태인데, **아예 들으려고도 않고 말하려고도 하지 않으면서 영어가 어렵다고 한탄만 일삼는 사람들**에 해당합니다. 문법과 단어는 항상 붙들고 살지만, 실제 영어를 사용하는 빈도 자체에 문제가 있는 경우입니다.

언어는 사용함으로써 성장합니다. 학교나 학원에서 영어교사의 강의에 충실한 것이 지적 학습에는 효율적일 수 있지만, 실제로 영어를 배우는 데에서는 거리가 먼 이야기일 뿐이죠. 그저 많이 듣는다고 영어의 청취력이 향상될 수 있었다면, 우리 모두 이미 원어민 수준이었어야 할 겁니다. 하지만 거의 반대에 가까운 현실이 그 증거 아닐까요?

만일 영어가 한국어처럼 분명한 소리로 전달되지 않는다면, 이젠 스스로를 '영어치'라고 생각하세요. 편안하게 듣지 못하는 현상이 **단어 부족이나 문법 능력의 한계 때문이 아니라** 단순히 음치처럼 **영어에 대한 소리 인식이 부족할 뿐**이라는 깨달음에 도달한다면, 가까운 장래에 **영어를 한국어처럼 들을 수 있다는 희망**을 갖게 됩니다. 그에 상응하는 노력을 하게 될 테니까요.

장 애 의 인 식

대부분의 영어 학습자가 낙담하는 이유로는 여러 가지가 있지만, 노력만큼의 성취를 얻지 못해 좌절하는 경우가 가장 많습니다. 아무리 노력해도 영어가 편안해지지 않다 보니, 외국어라면 지레 겁을 먹는 거지요. 특히 영어권 국가로 이민을 가거나 유학 또는 언어 연수를 생각하는 사람들은 보통 사람에 비해 대단한 각오로 나섭니다. 하지만 이를 악문 노력이 생각만큼의 효과가 없다는 결론에 도달하는 경우가 보통입니다. 이렇듯 대부분의 성인 학습자들이 온갖 형태의 학습에 힘을 쏟고도 불충분한 결과에 도달하는 것을 보면, 우리 모두에게 어떤 공통적인 문제점이 있지는 않은가 의심이 듭니다.

외국어라서 이런 어려움은 당연하다고 단순히 자위하기에는, 주변의 상황이 만만치 않습니다. 우리보다 어휘력이나 문법적인 지식이 부족한 남미와 유럽계 학습자들이 불과 몇 달이 안 되어 소통적 언어를 구사하는 것을 보면서, 더 큰 자책을 피할 수 없는 상황이 되풀이되지요.

'내가 못나서~' 혹은 '노력이 부족해서~'라는 말이 더 이상 통하지 않을 만큼 열심히 했지만 또 다시 나타나는 아픈 결과에는, 확실한 원인이 있음을 알아야 합니다. 반복되는 실패를 통해 뭔지 모를 장애의 존재를 느꼈다면, 치료의 필요성 역시 절실해야 합니다.

언어 장애는 학자와 치료사, 환자의 입장에 따라 그 범위에 유동성이 있는데, 언어 장애란 무엇인지부터 살펴보지요. 통상 언어 장애는 말을 통해 일상생활을 영위하는 데에 불편이 있는 정도

를 말하는데, 이 글을 읽는 독자들 대부분은 모국어 사용에 장애가 없다고 보아도 좋습니다. 왜냐하면 모국어에 장애가 있음을 스스로 느끼는 사람이 외국어까지 탐낼 수는 없기 때문이지요.

그런데 영어에 관한 한, 공항에 도착하는 순간부터 환자가 되고 맙니다. 한반도 내에서는 멀쩡하던 사람이 비행기를 내리는 순간, 미국에서는 언어 장애자로 분류되는 것이죠. 영어를 통한 일상적인 생활에 불편을 느끼기 때문입니다. 국내에서라면 이런 장애가 있을 때 치료를 필요로 할 겁니다. 그런데 영어에서는 언어 장애를 지적인 학습(공부)으로 해소하려 하기에 그 장애의 정도가 좀체 낮아지지 않습니다.

이는 다리가 불편한 사람이 보행 훈련이나 약물에 의존하지 않고, 잘 걷는 법을 반복해서 암기하는 현상에 비유할 수 있습니다. 물론 잘 걷는 방법을 숙지하고 훈련을 한다면 더욱 좋은 효과가 나타날 수도 있지만, 단순한 지적 학습만으로는 아무런 결과에 도달하지 못합니다. 장애가 당연히 치료와 훈련에 의해서만 극복되듯이, 영어 역시 지금까지의 단순 반복 외우기보다는 영어 원어민의 사고방식을 통해 제대로 듣는 법부터 익혀야 합니다.

PART
2

VOCABULARY

어 휘

Prologue

쉽고 단순한 어법을 어렵게 영문법이라는 이름으로 학습한 결과가 아픔이었듯이, 열심히 외우고 또 외운 단어들도 실제 의사소통엔 별로 소용되지 않았습니다. 고급스런 말이라고 달달 외웠던 숙어를 자랑스레 사용할 때마다, 의아한 표정을 짓던 상황들이 아직도 얼굴을 뜨겁게 합니다. 요즘도 그런지 모르겠지만, 과거 영어영문학과는 신입생 오리엔테이션에서부터 선배들의 강요가 시작되곤 했습니다. "두 개쯤은 먹어야지?" 처음엔 무슨 말인지 몰라 어리둥절했지만, 곧 '사전을 통째로 암기할 뿐만 아니라 외운 페이지를 실제 찢어서 먹는다'는 뜻임을 알게 되었습니다. 그리고 그 결과물들은 모두 당연히 화장실에 뿌려졌지요.

슬픈 기억에 실소를 머금지만, 아직도 단어가 부족하다며 스트레스를 받는 학습자들에게 "난 영어 600단어밖에 모른다"고 당당하게 말합니다. 우리말 대사전에 수록된 어휘들은 대부분 두 음절 이하의 것들입니다.

배운다는 의미의 '학(學)'과 관련된 단어로 학과, 학교, 학구, 학군, 학급 등의 단어들에 다른 어휘가 첨가되어 쓰이지요. 학교만 해도 학교 관리, 학교 교육, 학교 급식, 학교 문법, 학교 신문, 학교 위생, 학교장 등으로 파생된 단어들이 사용되는데, 기본 어휘를 바탕으로 확장되는 방식은 영어도 마찬가지입니다.

물론 단어는 어법 그리고 발음과 함께 언어를 구성하는 삼대 요소의 하나이므로 결코 소홀히 할 대상은 아닙니다. 따라서 이 파트에서는 무작정 외우서는 안 되는 이유들을 설명합니다. 어법과 마찬가지로 이해가 우선되어야 하기 때문에 기본적인 구성을 중심으로 기술하고, 좀더 상세한 내용은 다음 책에서 설명할 예정입니다.

Keyword 1

사전의 한계

앞에서 모든 명사는 인간 생활과 연관된 동사적 의미를 갖는다고 주장했지만, 간혹 뜻하지 않은 어려움이 닥치기도 합니다. Desk가 대표적인 경우인데요, 사전에는 명사와 형용사로만 나와 있고 동사는 찾아볼 수가 없습니다. 따라서 아흔아홉 개의 단어에서 '명사=동사'라는 사실을 확인하고도 desk 하나에 동사가 없다는 이유로, 학생들의 불신을 겪는 경우가 종종 있었지요. 결국 5년 전쯤인가 desk의 동사적 의미가 등재된 사전이 나오기도 했지만, 아직 많은 사전엔 형용사까지만 표기되어 있습니다.

단순히 한 단어의 예이지만, 그렇다고 desk의 동사적 의미가 5년 전쯤에 시작된 것은 아닙니다. 우리말의 경우에도 "아~ 뚜껑 열리네!"의 '뚜껑'을 사전에서 찾아보면, 속어로 '~열리네'와 함께 사용되어 화가 났을 때의 표현이라는 내용은 없습니다. 이렇게 온 국민이 모두 아는 말이 국어사전에 없다고 탓하기보다는, 사전이 갖는 한계를 이해하는 편이 속편한 일입니다.

언어는 살아 움직이는 생물에 비유되듯이, 매일매일 진화와 생성 그리고 퇴출이 되풀이되는 존재입니다. 따라서 시간적, 공간적 제약을 받는 사전이 그 모든 변화를 제때에 수록할 수 없음은 당연한 일이지요. 따라서 학습자는 사전을 중심으로 그 뜻을 찾아 헤매기보다는 명사는 동사라는 명제에 충실해서 **어휘의 실제 의미들이 자동적으로 인식되도록** 하는, 바람직한 습관이 정착되어야 합니다.

누군가 Schooling이라고 말하면 학교에서 행해지는 모든 행위가 연상되어야 하고, Taxing의 경우도 특정 지점에서 또 다른 지점으로 이동하는 행위로 인식되도록 훈련해야 합니다. 훈련이라는 말을 사용하니까 어려울 것 같은 느낌이 들겠지만, 실은 사전적, 문법적 영어에서 탈피하는 것만으로도 매우 큰 효과를 볼 수 있습니다.

Keyword 2

영어 철자 방식

한글을 익히면서 단어마다의 모양새를 외워서 사용하는 사람이 있다면 어떨까요? 우린 주저하지 않고 문맹자나 바보라고 비웃을 겁니다. 학교, 학우, 학연, 학습 등의 단어 모습을 마치 한자처럼 쓰고 읽는다는 자체가 비상식인 거지요. 한글은 소수의 자소를 조합해서 입에서 나는 소리 그대로를 문자화하면서, 영어 단어는 마치 한문처럼 형태까지도 무조건 암기하는 현실에 대해 심각하게 생각해 보아야 합니다.

한자는 상형문자에서 시작된 표의문자, 즉 뜻을 시각화한 형태인 반면에 우리 한글과 영어는 표음문자라고 배웠던 것을 기억하실 겁니다. 그런데 영어는 어째서 한글과 달리 한자처럼 그 모습 하나하나를 다 외우고 있을까요? 표음문자가 말 그대로 소리 자체를 글로 표기하는 것을 말한다면, 영어도 우리글과 마찬가지로 외우지 않고 읽고 써야 하는 것 아닌가요? 그런데 불행하게도 우리 할아버지 때부터 지금에 이르기까지 영어 단어의 시각적 모습(문자)을 손과 입을 사용해 암기하는 행위는 근절되지 않고 있습니다. 계속 종이에 써가면서 웅얼거리는… 보기에도 딱한 행위가 말입니다.

그 대표적인 이유가 "영어의 표기는 한글처럼 규칙적이지 못하다"는 것입니다. 마치 영어는 끈기 있고 머리 좋은 사람만이 할 수 있다는 말도 되지 않는 통설과 일맥상통하는데요, 정말 그런가요? 만일 영어도 한글처럼 혹은 한글보다 더 과학적인 규칙을 가지고 있지만, 우리가 몰라서 일일이 암기하는 우를 반복해 왔다면…. 그보다 한심한 일은 없을 겁니다. 그럼 영어의 표기법을 함께 살펴보겠습니다.

Keyword 3

영어 표기 규칙

영어는 우리글과 다른 네 가지 큰 규칙을 전제로 하고 있습니다(그중 여기서는 제3규칙과 제4규칙을 설명하겠습니다). 한국어는 "눈을 들어 내리는 눈을 보라"며 동음이의어의 표기에 커다란 관용을 베풀지요. 즉, 의미는 달라도 소리가 같거든 그냥 발음대로 쓰자는 약속이 바탕에 깔려 있습니다. 이와는 대조적으로 영어의 기본틀을 만든 사람들은 자신들의 약점(?)을 알았던지, 제3규칙으로 **의미가 다른 동일한 소리의 단어는 다르게 표시해야 한다**고 정의했습니다. 어쩌면 그렇게 작은 차이마저 구분하는 언어를 가졌기에, 순차적인 사고를 바탕으로 한 산업혁명이 가능했는지도 모르지요. 특히 우리말 소리는 한자어에 바탕을 두었기에 너무도 많은 동일한 소리가 있을 수밖에 없는 현상에 비교하면, 영어의 이런 모습은 우리에게는 조금 지나친 것일 수도 있어서 오히려 이해에 방해가 되기도 합니다.

간단하게 우리말의 '강'을 예로 들어도, 넓고 길게 흐르는 강(江), 굳고 센 강(强) 그리고 스승께 바친다는 익히고 배우는 강(講)이 있습니다. 이 외에도 사전에 보면, 우리나라의 온돌과 비슷한 것으로서 중국 황하강 이북에서 볼 수 있는 난방장치인 강(炕)부터 중국의 이민족인 오호(伍胡) 가운데 중국 서방의 변두리에 흩어져 있던 티베트 계통의 유목 민족을 의미하는 강(羌)까지 그 범위는 방대하기만 합니다. 이처럼 많은 '강'과 조합된 단어들까지 생각하면, 장단음의 표기를 제한하신 세종대왕의 마음을 느낄 수 있습니다.

그러면 영어는 어떤가요? 물론 영어도 to–too–two나 rite–write–right–wright처럼 3~4개인 경우가 가끔 있습니다. 하지만 이런 표기들은 한국인을 괴롭히려는 목적이 아니라 그들의 규칙 중 하나인 "같은 소리의 어휘도 뜻이 다르면 달리 표기한다"에 기인하는 것입니다.

이와 더불어 제4규칙은 **소리의 길고 짧음까지의 구분**입니다. 한글은 먹는 배와 타는 배 혹은 아픈 배의 장단음도 구분하지 않고 동일하게 표기합니다. 반면에 영어의 red–read(read의 과거형), led(lead의 과거형)–lead(납)에서 보듯이 그들은 같은 소리이지만, 그 모음 길이의 길고 짧음까지 표현하자고 약속했던 것이죠.

그러니 우수한 한글을 통해 너무도 간편하게 소리를 문자화하는 우리에겐, 영어의 표기 방식이 불편할 수밖에 없지요. 하지만 그 약속의 기본을 알고 나면, 왜 영어의 단어들이 우리 눈에 비상식적으로 비추어졌는지 이해할 수 있을 겁니다. see–sea, there–their의 경우는 말소리의 길이마저 같으니 당연히 그 표기의 형태를 달리하려 노력한 것이고, Ted–instead의 경우는 소리의 길고 짧음이 다르다는 것을 표현하려니 어쩔 수 없는 첨가가 일어나게 된 거죠.

Keyword 4

모음 표기의 기본

물론 영어 표기의 대표적인 규칙 몇 개를 이해했다고 하더라도, 또 다른 불규칙 때문에 결국 암기의 늪에서 빠져 나오지 못하는 경우가 많은데, 이 부분은 위대하신 세종대왕께도 부분적 책임이 있는 것 같습니다. 한글을 너무 잘 만들어 주신 덕에, 상대적으로 약간 낮은 수준의 표기 방법을 이해하기 힘들어진 것이라고나 할까요!?

우리는 명확하게 '감-갬', '만-맨'처럼 "ㅏ"에 "ㅣ"를 붙이는 것으로 "ㅐ"라는 소리를 표시합니다. 반면에 영어는 A(에이)를 써서 Cam이나 Ram, Sad로 우리말의 "애"와 비슷한 소리를 표현하다 보니까, 한글에 익숙한 우리에겐 이해조차 어려워서 결국 외우는 편이 낫다고 믿게 된 것 같습니다. 하지만 영어 사용자의 그런 불편을 하나의 아집 혹은 고집이라고 이해하기 시작하면, 그 아픔을 공유할 수도 있고 그 결과로 단어의 형태를 외우지 않고 한글처럼 읽고 쓸 수 있습니다.

쉽게 독일어를 비교해 보면 되겠죠. 독일인들은 A(아)라는 소리는 있는데, '애'라는 표기가 없으니까 한글의 'ㅣ'처럼 'Ä'(umlaut)를 이용해 우리말의 "애"와 비슷한 소리를 표기했습니다. 이건 비단 독일뿐만 아니라 네덜란드나 헝가리 등의 나라에서도 유사하게 사용되는 방식인데, 영국인들은 이렇게 쉽고 간단한 조합형 방식을 단호하게 거부했던 겁니다. 라틴 문자를 받아들이기는 했지만 너희처럼 뭔가를 붙여서 사용하지는 않겠다는, 어딘가 섬나라 근성이 엿보이는 대목이지요. 일본이 말은 우리 것을 차용하고 문자는 중국에서 빌어다 사용하면서도, 독창적인 언어 체계를 가진 것처럼 떠벌리는 것과 다를 바 없습니다.

아무튼 영어는 소위 조합형 모음의 사용을 거부하면서, 그들이 가지고 있는 다양한 소리를 모음 다섯 개에 의존해 표현하려 애를 썼습니다. 별도의 첨가 없이 한정된 모음 A, E, I, O, U로 다양한 모음을 표기하려는 그들의 노력은, 소리에 따라 문자 배열에 차등을 두는 것으로 결정되고 말았지요.

즉 **자음과 자음 사이에 모음이 들어가면, 본래의 모음과 다른 소리로 인식하는 방식**입니다. 이는 영어의 기본 모음과 변형 모음의 숫자가 동일했기에 가능했습니다. 말하자면 A는 '에이'라는 기본적인 소리를 가지고 있지만, 자음 사이에 있을 때는 '애'로 소리 내자는 것이지요. Bad, Cat, Dam, Fan, Gap, Hat, Jam, Lam, Man, Pan, Ram, Sad, Tam, Van 등의 예가 Umlaut와 같은 첨가 없이도 A를 '애'로 표기하는 방식을 보여주고 있습니다.

이렇게 A라는 모음이 표기할 수 없는 '애' 비슷한 소리는 해결되었지만, 정작 본래의 소리인 A(에이)를 정의하기 위해서 또 다른 모습을 고안해야 했습니다. 바로 **Silent E라는 개념**인데, **단어의 제일 마지막에 오는 E는 소리 내지 않되 그 앞에 있는 A를 본래의 '에이'로 소리 내자는 약속**이 바로 그것입니다. Bade, Cate, Dame, Fane, Gape, Hate, Lame, Mane, Pane, Sade, Tame, Vane의 경우에서, 영문 표기 제1규칙의 응용을 이해할 수 있습니다.

정리하자면 모음 'ㅏ'에 다른 모음 'ㅣ'를 더하면 'ㅐ'가 된다는 우리의 조합형 성격의 규칙처럼, 이들은 A가 자음 사이에 있으면 '애'로 인식하고 뒤 자음에 E가 따라오면 본래의 A로 인식하자고 규정한 거지요. 시각에 따라 매우 복잡한 규칙처럼 보이지만, 우리 한글도 기본적인 규칙을 모르면 괴롭기 한량없기는 마찬가지 아닌가요? 초등학교 저학년들이 한글을 익히는 과정에서도 어느 정도 읽고 쓰기 위해서는 1~2년의 시간이 필요한 현상과 한글학교에서 몇 년째 땀 흘리시는 문맹 노인들을 생각하면, 영어 표기 방식은 오히려 쉽다고 할 수 있을지도 모릅니다. 그럼 A를 포함한 다섯 개의 모음이 Silent E와 어우러져 어떻게 활용되는지 간단한 도표로 알아보지요.

A		E		I		O		U	
Tap	Tape	Pet	Pete	Bit	Bite	Cod	Code	Cut	Cute
Sam	Same	Den	Dene	Kit	Kite	Pop	pope	Run	Rune
Can	Cane	Met	Mete	Pin	Pine	Not	Note	Tun	Tune
Hat	Hate	Red	Rede	Win	Wine	Ton	Tone	Mut	Mute
Man	Mane	Her	Here	Sir	Sire	Mod	Mode	Hug	Huge

보라색 글씨로 표시된 것 외에는 앞서 Silent E의 활용에 충실히 부합됩니다. 즉 E가 있으면 모음 본연의 소리인 것이고, 자음 사이에 위치하면 A는 [æ]로, E는 [ɛ]로, I는 [i]로, O는 [ʌ]로, U는 [ə]로 발음되는 것을 알 수 있지요.

이쯤 되면 발음기호라는 존재가 더 이상 필요 없다는 생각이 드는 분도 계실 겁니다. 우리말 사전에 발음기호가 필요하지 않은 것과 같은 이유로, 실제 미국인과 영국인의 사전에 발음기호가 없는 이유도 바로 그래서입니다. 말 그대로 **표음문자이기에 소리를 표기하는 방식에 충실하면, 읽을 때에도 발음기호에 의존할 필요가 전혀 없다**는 것이죠.

예외 속의 규칙

앞의 도표에서 보라색 글씨로 표시된 부분은 기본 규칙에서 약간 벗어나는 것들입니다. 그러나 이런 예외조차 규칙적이라는 사실에 놀라지 않을 수 없습니다. 특히 조음의 형태와 어우러진 변화에 충실한 예외 규정은 언어학자들조차 혀를 내두를 정도이지요.

Her의 경우는 당연히 우리말의 '헤르'로 발음되어야 할 듯싶지만, 통상 [hɚ]로 발음됩니다. 이건 비슷한 단어들의 형태를 보면 아주 간단한 원리입니다. R 앞에 오는 모음들의 공통점을 살피는 것으로 충분합니다. Alter, Anchor, Bird, Burt 등의 단어에서 보듯이 R 앞에 온 모음들은 그 모습에 관계없이 모두 [ə]로 발음되고 있습니다. 그리고 그 원인은 **R이라는 문자의 조음 형태 때문**에 발생합니다. 우리가 흔히 **[ɑɪ]이라고 인식하는 R의 올바른 조음은 [ɚ]이라는 말**입니다. 즉, 혀의 수축으로 이루어지는 [ɾ] 소리에 이미 [ə]의 모음적 성격이 포함되었기에, 두 발음기호가 병합된 [ɚ]로 표기되는 것이죠(사전에 따라 [ər]로 표기되기도 합니다).

따라서 Her는 E의 규칙보다 R 규칙이 우선적으로 적용된 경우이고, Here는 뒤에 온 Silent E의 영향으로 앞의 E가 본래의 소리인 [i]로 나면서 뒤의 [ɚ]과 합쳐져 [hiɚ]로 소리 나게 됩니다. 이 부분을 이해하고 나면 Sir와 Sire의 조음 차이도 스스로 깨닫게 될 겁니다. 단음 [i]가 R의 영향으로 [sɚ]가 된 것이고, 후자는 E의 영향으로 모음의 본래 소리인 [ɑi]로 변한 후 R에 포함된 [ɚ]와 합쳐져서 [saiɚ]로 발음된 것입니다. 결국 **모음 본래의 변화에 특정 자음이 갖는 변화가 더해진다**고 생각하면 간단합니다. Dire, Fire, Hire, Sire, Tire, Wire, Mire 등이 그 예입니다.

마지막의 Huge[hjuːʤ]도 나름대로의 이유가 있어서 우리말의 '휴그'가 아닌 '휴쥐'로 읽고 씁니다. 이 역시도 Silent E의 영향으로 모음은 본래의 소리를 찾게 되지만, 자음 G가 갖는 두 개의 소릿값인 [g]와 [ʤ]의 분별 방식이 첨가되어 소리가 달라지는 경우입니다. 즉, G가 다른 자음과 달리 두 가지 소리를 함께 가지고 있으므로, 그 구분을 위해 별도의 약속이 필요했던 거지요.

G와 함께 E나 I가 사용되면 [ʤ]로 발음하고 그 외의 모음과 사용되면 본연의 [g]로 조음합니다. Gen, Gentle, General, Genius, Gel이나 Gibber, Gill, Gin 등은 그 모습에서 [ʤ]로 소리 남을 알 수 있습니다. 물론 그 변화가 원숙하지 않아서 Ginkgo처럼 아직 두 가지 소리가 병행되기도 하고 Gear, Geese처럼 모음이 길어지면 E 문자와 함께라도 [g]로 조음되

기도 합니다. Girl, Girt 등의 단어도 R의 영향으로 모음이 길어진 형태로 이해하면 됩니다.

간혹 G가 E나 I와 함께 사용되지만 [g]로 소리 나는 경우도, 그 규칙이 정해져 있습니다. Guest, Guerrilla, Guess와 Guilty, Guiana, Guidance, Guild와 같이 U를 첨가해서 두 가지 필요성을 충족시키고 있습니다. 즉, 이때의 모음 U는 소리소가 아닌 단순한 자소로서의 역할만을 한다는 겁니다. 한글에도 '삯'이나 '얽', '삶', '핥'과 같은 표기들이 존재하는 것에 비할 수 있습니다. 앞의 G가 [g]라는 표시를 해줄 뿐이라는 말입니다.

영어는 이렇듯 한글과는 사뭇 다른 표기 체계를 유지하면서 변화되어 왔습니다. 지금의 한글이 창제 당시의 모습과 많이 다른 것과 마찬가지로, 영어도 보다 쉽고 간편한 방식으로 진화하고 있는 거지요. 게다가 앞뒤에 오는 모음에 따라 소릿값이 변하는 방식이다 보니, 음절수가 늘어나면서 발생하는 복잡성을 인정할 수밖에 없는 형편입니다. 그래서 캐나다에서도 중학교 2~3학년까지 철자법 시험이 시행되고 있지요. 한글 맞춤법 시험이 필요한 연령만 비교해도 한글의 우수성은 충분히 입증되는 셈입니다.

지금까지 영어 표기의 기본적인 형태를 들여다봤는데요, 어쩌면 외우는 편이 차라리 낫다고 생각할 만큼 아직도 어렵게 느낄 수 있습니다. 하지만, 앞에서도 언급했듯이 한글의 규칙을 바로 익히지 못한 분들이 그림을 그리듯 문자를 쓰는 현상에서 아릿한 무언가를 느끼기 바랍니다.

자음 중복의 의미

이렇듯 표기의 기본을 알고 나서 영어 단어를 접하다 보면, 자신도 모르게 하나씩 이해할 수 있는 부분들이 생깁니다. 특히 동사의 분사 변화에 필연적으로 나타나는 자음 중복의 이유가 대표적입니다. Name은 Naming이나 Named로 표기되고, Shop이라는 어휘의 분사는 Shopping이나 Shopped가 되어야 하는 분명한 이유가 있었다는 말입니다. 본래 분사 변화의 기본 규칙은 -ing나 -ed를 첨가하는 것인데, 단어가 E로 끝나는 경우에는 그 E를 탈락시키고 -ing를 붙인다는 예외 조항을 기억하실 겁니다. 과거나 과거분사의 경우는 그대로 -d만 첨가되는 형태이기도 하지요.

이때, **'단모음+자음'의 경우는 자음을 두 개 붙인다는 규칙**의 실체가 바로, 앞서 설명한 모음 변화에 대한 내용입니다. 즉, E 탈락의 규칙이 선행되므로 Shoping이라고 표기하면 본래의 단어가 Shope라고 오인되는 것을 막기 위함이기도 하지만, 본래 어휘가 갖는 소리를 보존하고자 하는 뜻이 더 강합니다. 즉, Step의 경우 Steping으로 쓰면 기본 규칙에 의해 '스티핑'이라고 읽게 된다는 겁니다. 따라서 두 개의 자음들이 앞에 있는 모음의 소리를 결정하는 역할을 하도록 규칙을 정한 겁니다.

이는 분사의 경우가 아니라도 많이 쓰이는 규칙이니까, 몇 가지 예를 숙지하는 것으로 충분히 활용할 수 있습니다. Summer나 Comma의 경우 흔히 '섬머'나 '콤마'로 읽지만, 실제로는 앞에 있는 E의 소리가 [ə]라는 표시입니다. 표기 규칙에 따르면 Better나 Betty의 경우도 Beter로 표기되면 '비터'가 되고 Bety는 '비티'로 읽게 되므로, 앞 모음이 [ε]라고 꼬집어 표기하는 것으로 인식해야 하겠죠. 이제 Apple의 P나, Annual의 N이 왜 두 개인지 정확히 알 수 있겠지요! Occasion, Add, Coffee, Egg, Billy, Gummy, Anniversary도 마찬가지지요.

또 **다른 자음끼리 뭉쳐서 앞의 모음에 영향을 주는 경우**도 있습니다. Talk, Calm, Kahn, Call 등의 경우로, L이나 M은 소리 없는 단순 자소로 앞의 모음 A를 [ɔ]로 나도록 하는 역할을 합니다. 특히 Call이나 Tall의 경우는 앞서 자음 중복처럼 보이지만, 앞의 L은 모음에 대한 지시소이고 뒤의 L만이 소리소로 작용하는 것입니다. 그 예로 Balk, Stalk, Chalk 등이 있습니다. 아직 완전하게 이해하기 어렵지요? 앞서 설명한 부분들을 포함해 영어 표기의 모든 것은 이제 곧 출간될 『번역에 멍들고 E.S.L.로 상처받은 한국인을 위한 깨는 영단어』에서 상세하게 설명됩니다.

어휘의 변화

여기서는 단어의 기본 의미가 변화되는 규칙에 대해 알아봅시다.

우리말의 예에서 보듯이, 모든 단어는 기본적인 뜻에서 파생되고 변형되어 사용됩니다. 예를 들면 '평등'이라는 말만 해도 앞에 '아니 불(不)'을 붙여서 평등하지 않은 상태를 '불평등'이라고 사용하지요. 그런가 하면, '지급(支給)'의 경우는 이미 지불된 '기지급'과 아직 지급되지 않은 '미지급' 그리고 다시 지급하는 '재지급' 등으로 그 의미가 변화되어 사용됩니다.

이런 단어의 모양 변화로 발생하는 현상을 새로운 단어의 창출이라고 할 수는 없고, 소위 접두어나 접미어라고 불리는 기능이 첨가되어 연관된 개념을 표현하는 것입니다. 즉, 아직 일어나지 않은 행위를 '未(미)'라는 말을 붙여서 사용한다는 기본 개념만 알면 '미개척', '미사용', '미지불' 등으로 사용하는 데 불편이 없습니다. 다시 말해서 접두어가 갖는 본래의 의미가 유지되기에 다양한 활용이 가능합니다.

그런데 이런 형태를 영어에 대입시키면, 아주 이상한 결과가 나타납니다. 즉 접두어 'Un-'에 해당하는 말인데요, 문법적 설명을 한번 볼까요.

1. [형용사 부사에 붙여서 「부정(否定)」의 뜻을 나타냄] unhappy, unhappily
2. [동사에 붙여서 「반대」의 동작을 나타냄] untie, unlock
3. [명사에 붙여서 그 성질·상태의 「제거」를 뜻하는 동사를 만듦] unman, unbishop
4. [명사에 붙여서 「...의 결여, ...의 반대」의 뜻을 나타냄] unrest, unkindness

쉽게 말해서 "부정을 나타내는 접두어, not"이라는 설명인데, 학습자들이 명쾌하게 이해하기보다는 단순 암기에 의존할 수밖에 없도록 하는 해설이라고 보입니다.

'Un-'이라는 접두어는 우리말의 '미-'와 같이 아직 그 상황이 일어나지 않은 경우를 의미합니다. 또 다른 접두어 'Dis-'와 전혀 다른 의미라고 하겠습니다. 쉬운 설명을 위해 두 가지 접두어가 사용된 단어를 예로 들어 보지요. 'Cover'라는 말은 무엇인가를 덮는다는 뜻이며, 그 행위가 일어나기 전의 상황은 'Uncover'라고 해서 아직 덮지 않은 상태를 말합니다. 따라서 사전에 나오는 예문인 "uncover one's heart to …에게 마음을 털어놓고 이야기하다"는 "마음을 덮지 않고(숨기지 않고) 이야기하다"가 옳은 설명이겠죠. 어쩌면 여러분은 두 가지 모두 다를 게 없는 말이라고 생각할 수도 있지만, 'Discover'와 함께 비교하면 쉽게 이해하실 수 있습니다.

사전에 'Uncover'의 뜻이라고 표기된 "폭로하다(reveal), 털어놓다, 적발하다"는 오히려 'Discover'의 뜻이라고 보아야 합니다. 감추어진 것(덮인 것)을 폭로하는(젖히는) 행위이니까요. 그럼 순서대로 나열을 해서 비교해 보지요. 이불을 덮기 전의 상태는 Uncover이고 덮은 상태는 당연히 Cover 그리고 덮인 것을 젖히는 것은 Discover(발견의 의미로 쓰입니다)라고 말하고, Recover는 잘 아는 것처럼 Discover된 것을 다시 덮는다는 뜻입니다. 모두 사전적 설명처럼 Cover에 반하는 의미이지만, 그 용도가 각각 다르다는 점을 이해해야 합니다.

따라서 사전에 설명된 Unhappy는 단순히 기쁘지 않은 것이 아니라 아직 기쁘지 않거나 기쁨을 갖기 이전의 상태를 나타내는 것인데, 굳이 Dishappy와 구분될 이유가 없다고 생각해서 Unhappy로 쓰고 있지요. 하지만 기뻤다가 다시 기쁘지 않은 상태를 나타낼 수 있는 방법을 간과했다고 볼 수 있습니다. 비슷한 예로 소프트웨어 사용 시에 자주 쓰는 Undo도 사실은 Disdo가 되어야 옳지만, 역시 원칙을 몰라서 혼용한다고 생각하면 됩니다.

Until도 Till에 이르지 못한 시점을 말하고, Still(증류라는 단어와 소리가 같아서 di가 생략되었지요)은 이미 Till의 시점이 지났을 때 사용하는 것이 기본적인 규칙입니다. 정리하면, '~까지'의 Till과 '~전까지'를 뜻하는 Until 그리고 '~까지의 시점을 지난, 아직까지'를 Still이라고 말한다는 것이지요.

Unbelievable	(아직) 믿음에 도달하지 않은
Unconscious	(채) 의식하지 않은 채로
Unhappy	(아직) 행복하지 않은
Unknown	알지 못하는
Unnecessary	필요하지 않은
Untie	묶지 않은
Unfamiliar	친숙하지 않은
Unstable	안정되지 않은
Ungraceful	우아하지 못한
Disease	(더 이상) 편안하지 못한
Dishonest	(이미) 정직함을 버린
Dismiss	더 볼일 없는
Dissatisfy	만족 못하는
Disability	능력을 잃은
Dishonor	명예를 잃
Disclose	닫았던 것을 여는(폭로)
Disgrace	우아함을 잃은(불명예)

이와 마찬가지로 문법책은 'In~'이나 'Non~'을 다른 부정 접두어와 동일하게 취급하고 있는데, 'In-'은 'Ex-'와 상반되는 의미를 전달할 때에 사용하는 것입니다. '건강한', '원기 왕성한'이라는 뜻의 Hale이라는 단어에 'In-'이 붙으면 '원기가 들어온다'는 의미로 "숨을 들이 쉬다"라는

말이 됩니다. 옛날엔 서양 사람들도 호흡이 바로 기(운)와 연결된다는 것을 알고 있었다는 사실을 뒷받침하고 있는 단어죠. Exhale은 "숨을 내쉬다"의 뜻이니까, **'In-'은 들어오고 'Ex-'는 나간다는 의미**임이 분명해집니다.

비슷한 예로 In-earth처럼 말 그대로 "땅(속)에 넣다, 묻다"의 뜻으로 쓰이는 것도 있고, Import와 Export에서도 같은 이유가 적용됩니다. 이 경우에는 'In-'이 아닌 'Im-'이 사용되어서 혼동을 주기도 하지만, 이는 뒤에 오는 자음의 영향으로 변화된 것입니다. 즉, 뒤에 오는 자음이 입술소리 P라서 같은 변별적 자질의 M으로 변화되었을 뿐, 그 쓰임새는 'In-'과 전혀 다를 바가 없습니다. 이와 비슷한 경우로 Regular와 Irregular를 꼽을 수 있겠네요. Illegal도 뒤의 L 때문에 변화된 또 다른 'In-'의 모습을 찾아볼 수 있습니다.

Express나 Impress도 Press의 '누르다, 강요하다' 등의 의미에서 변화된 것으로, Express는 상대를 향해서 하는 "표현하다, 나타내다, 상징하다"의 뜻이고, Impress는 그런 내용이 받아들여져서 일어나는 "감명을 주다, 어떤 인상을 주다"로 사용됩니다. 쉽게 말하면 Press라는 행위를 외부적으로 표현할 때는 'Ex-'를 쓰고 그걸 받아들이는 행위는 'In-'을 쓰는데, 뒤에 오는 자음의 영향으로 'In-'에서 'Im-'으로 변형된 것입니다. 흔히 쓰는 "I'm impressed"라는 활용에서 그 의미를 분명히 이해할 수 있을 겁니다.

결국, **'Un-', 'Dis-'는 행위의 시간적 차이를 표현하는 접두어고, 'Ex-'와 'In-'은 행위의 방향성에 기초한 표현**인 거죠. 물론 여러분이 가지고 있는 사전에 전적으로 의존하면, 이런 분류는 별 가치가 없을지도 모릅니다. 하지만 일단 기본적인 사용 방식을 알아야만 영어의 미묘한 '뉘앙스'를 인식할 수 있습니다.

사람들이 흔히 쓰는 네이버 사전을 볼까요. Control이라는 단어에서의 접두어 사용을 보면, Uncontrol이라는 단어는 없고 Uncontrolled만 "억제되지 않은, 방치된, 자유로운"이라는 형용사적 의미로 수록되어 있습니다. 그런가 하면 Incontrol도 없이, 가능성을 나타내는 '–able'이라는 접미어가 붙은 형태로 Incontrollable의 경우는 Uncontrollable과 같다는 '='표시가 되어 있고요. 본래 두 말은 "조작하지 못하게 할"과"(아예) 조작할 수 없는"의 내부적인 뜻이 있는데, 사전에서는 단순히 Controllable의 반대되는 말이라고 동일하게 표기되어 있습니다.

앞서 살펴본 접두어들이 본래 단어(어근)의 뜻과 단순히 상반되는 의미를 나타내는 것이 아니라 시간이나 방향성 등을 나타내는 경우였다면, **접두어 'Non–'은 "없다, 아니다"의 의미를 표현하는 진정한 의미의 '부정 접두어'**라고 하겠습니다.

흔히 접하는 Nonstop은 '정지하는 행위'를 정면으로 부정합니다. 차량이라면 '무정차'가 될 테고, 업무와 관련되면 '휴식 없이 일하는' Workaholic을 뜻하기도 하겠지요. Fiction과 Nonfiction의 경우도 사실과 허구의 OX 의미를 나타내고 있습니다. Nonsense와 Sense, Smoker와 Nonsmoker도 아주 단순한 부정을 나타내고 있지요. 그뿐 아니라, 담배나 주류를 판매하는 곳을 보면 청소년과 관련된 Nonage라는 표현도 등장합니다. 이때의 Age를 단순히 나이라고 생각해서 올바로 사용하지 못하는 경우가 많은데, 이때에는 '나이가 아님'이라는 엉뚱한 말이 아니라 '정해진 나이가 아니다'라고 생각하시면 됩니다.

본래 Age는 우리가 흔히 생각하는 '연령'이라는 뜻보다는 '성년'이나 '정년' 등 어떤 정해진 시기의 뜻이 더 강합니다. 그래서 Over age나 Under age라는 표현이 생기게 되는 겁니다. 물론 그 정해진 시기는 젊은층에만 사용되는 것이 아니라, Middle age(중년)처럼 상황에 따라 다를 수도 있지요. 캐나다의 큰 상점들은 일정한 날짜나 시간을 정해 놓고 65세 이상의 어른들께 할인 서비스를 많이 하는데요, 이때 63세의 할머니가 할인을 요구한다면 점원은 역시 Nonage라는 단어를 사용해서 거절할 겁니다.

이와는 또 다른 의미의 반대를 나타내는 접두어로 **'Ob-'**가 있습니다. 이 경우는 **단어의 원래 뜻에 저항한다는 표현**으로서, 앞서의 'In-', 'Ex-'와 연결시켜서 그 용도를 살펴보면 좋을 겁니다. 라틴어에서 유래된 '-trude'라는 단어는 현재 Thrust나 Push라는 의미로 독립되어 사용되는데요, 이를 각각 'Ob-', 'In-', 'Ex-', 'De-'와 어울리면 어떻게 될까요? Intrude는 밀어 넣는다는 말이고, Extrude는 밖으로 밀어 낸다는 의미겠지요? 반면에 Obtrude는 앞에서 마주 서서 밀어 낸다는 표현이고, Detrude는 뒤에서 밀 때 사용합니다. 모두가 미는 것은 동일하지만, 모두 자기만의 뚜렷한 의미를 가지고 있음을 알 수 있습니다.

또한 본다는 의미의 '-vious'와 함께 사용된 Obvious가 눈에 훤히 보이듯이 분명한 길을 가는 것이라면, Devious는 뻔히 보이는 길을 피해 구불구불하고 비뚤어진 길을 걷는다고 생각해도 무방합니다. 도로에서 자주 만나는 Detour(우회) 표지판을 떠올리면 이해가 쉽겠지요. 덧붙여서 Previous는 미리 가 보는 것쯤 되겠지요?

앞서 'In-'과 어우러진 Press라는 어휘도 역시 Oppress와 Depress로 사용됩니다. 왜 Obpress가 아니고 Oppress냐고요? In-press도 뒤에 온 P 때문에 Impress로 변했던 것과 같은 이치입니다. Fence에서 유래된 Offense(Obfense 역시 같은 이유)와 Defense도 담장을 사이에 두고, 공격하고 수비하는 의미로 사용되는 겁니다. 이런 예는 정말 수도 없이 많지만, 이제는 그 많은 단어를 외우기보다 접두 규칙에 의해 쉽게 사용할 수 있으리라 믿습니다.

Object – Deject, Oppose – Depose, Obstruct – Destruct,

Observe – Deserve, Obtain – Detain

결국 **'Non-'은 "~이 아니다"라는 단순 부정이고, 'Ob-'과 'De-'는 단어가 가진 의미에 맞서거나 기대는 혹은 순응하는 뜻을 내포**하는 거지요. 반면에 **단어의 뜻에 정면으로 거부하는 'Ant(i)-'**라는 표현도 사용됩니다. 하지만 **단어의 뜻에 정면으로 돌진하는 듯한 'Ob-'과 수수방관하는 'Anti-'**라고 표현하는 것이 좋겠네요. 예를 들면 북극이라는 Arctic과 남극의 Antarctic이 정반대의 위치를 나타내기는 하지만, 서로 대결을 벌이는 것은 아니라는 말이죠. Social과 Antisocial도 서로 상치되는 의미이기는 하지만, 원래 단어의 뜻에 저항한다는 의미가 아니라 그저 반사회적이거나 이기주의적인 사람이나 단체를 뜻하는 것이니까 말입니다.

하지만 요즈음은 이런 규칙이 많이 훼손되고 있기도 합니다. 프라이팬은 Nonstick이라고 선전하고 녹 방지제는 Antirust라고 표현하는 걸 보면—그 사용의 방식이 일정하지는 않지만—달라붙지 않는 재료로 프라이팬을 만들었다는 말로 이해하고, 녹과는 거리가 멉니다~ 정도로 받아들이면 되겠지요. 이런 현상을 봐도 영어가 점차 혼탁해지고 있는 것만은 틀림없으니까, 영어가 더 상하기 전에 빨리 습득하는 것도 좋을 듯싶네요.^^

이렇게 간단하게 영단어의 의미가 변하는 규칙을 알아봤는데요, 접두 혹은 접미어의 변화에 대한 좀더 자세한 설명은 이 책에 이어 곧 출간될 『번역에 멍들고 E.S.L.로 상처받은 한국인을 위한 깨는 영단어』를 참조해 주세요.

Keyword 8

위치를 나타내는 어휘

전치사란 말 그대로 단어 앞에 붙는 언어의 내비게이션입니다. Preposition이라는 말이 '미리 자리를 잡아 주는 말'이니까, 위치나 행위에 대한 의도를 나타낸다는 것이지요. 前置辭 자체가 단순한 개념이기도 하고 이미 많이들 아는 부분이니까, 간단한 예로 그 기능성에 대한 인식만 갖도록 하겠습니다.

가끔 to와 for의 용도에 대해 잘 이해하지 못하는 경우가 있는데, toward와 forward를 생각하면 쉽게 이해할 수 있을 겁니다. 잘 알다시피 forward는 backward와 대비되는 개념으로 '앞으로'의 의미가 있고, toward는 '~쪽으로'의 뜻으로 쓰입니다. **그 차이는 주체가 있느냐 없느냐 혹은 주체와의 관계성에 따라 달라지는 것**이죠. 즉, '앞으로, 앞쪽으로'의 개념은 주체가 있어야만 생기는 것이라서, 어떤 방향인지 모르는 toward와는 구분됩니다.

"I gave it to her"와 "I gave it for her"의 내포된 뜻에도 차이가 있습니다. 전자는 단순히 그녀에게 주었다는 말이지만, 후자는 그녀와 나 사이에 뭔가 관계가 있다는 걸 뜻하고 있습니다. 비록 그녀의 생각은 다를지 몰라도, 적어도 나는 그렇다는 안타까운 표현이 되는 거지요. 문법책에 나열된 많은 용법 중에 '목적'에 대한 설명만 이해하면 충분한 활용입니다.

이런 이유로 "He has studied to be a lawyer"와 "He has studied for being a lawyer"도 주체의 의지에 대한 다른 표현이 되기도 합니다. 우리말로는 "법관이 되려고 공부해 왔지"와 "법관이 되겠다고 공부해 왔지"라는 별 차이 없는 말이 되지만, for가 사용된 경우는 그의 의지가 상대적으로 확고하다는 의미가 포함되어 있습니다. "법관이 되기 위해서 공부해 왔지"와의 차이겠지요.

at의 경우도, 우리말 사용에 견주어 생각하면 됩니다. 어머니께서 전화나 문자로 "어디 있냐~?"고 물으시면 여러분은 "극장에요" 혹은 "학교요"라고 대답하지 않나요? 이런 경우가 at의 개념으로 대답한 것입니다. 여러분이 경마장 안에 있건 그 주변에 있건 "I'm at racetrack"이라고 대답할 때와 동일합니다. 학교 앞 떡볶이 집에 있으면서, 어디 있느냐는 친구의 질문에 "학교에"라고 대답하는 두루뭉실한 뜻의 at이라고 이해하면 됩니다.

전치사는 행위와 어우러져 숙어라는 개념으로 사용되기도 합니다. **숙**

어 혹은 Idiom이라는 개념은 단어의 기본뜻과 연관되어 있으며, 두 개 이상의 어휘가 합해져서 또 다른 의미를 표현합니다. 영어를 처음 접하면서 배웠던 stand up은 '서다'와 '위로'의 의미가 모여서 "일어나다"의 뜻인데, 일반적으로 stand라는 말에 치중해서, 단순히 서 있는 상태로 인식하는 경우가 많습니다.

당연한 얘기지만, 앉았거나 누워 있는 사람에게 "일어서라"고 말하는 것처럼 서 있는 사람에게 내려앉으라고 할 때는 sit down이라는 표현을 사용하지요. up이나 down처럼 방향을 나타내는 전치사가 서거나 앉는 행위를 보다 구체화하고 있는 것입니다.

그러나 많은 분들이 stand down이라는 말을 들으면, 매우 생소하게 생각합니다. 앞서 말씀드린 대로, stand up에서 단순히 '서다'라는 동사적 의미에만 치중하니까 내려선다는 뜻의 stand down은 유추조차 쉽지 않습니다. sit up도 누워 있는 사람에게 일어나 앉으라는 말인데, 그저 복근 강화의 한 방식으로 인식하고 있을 뿐입니다.

즉 **숙어는 각각의 단어가 지닌 본래의 의미들이 합성되는 것이므로, 동사에 치중하는 습관에서 탈피해야 합니다.** 뿐만 아니라, **숙어의 진정한 의미는 추상적 개념을 표현하는 문화적인 측면이 강합니다.** 사다리에 올라가 있는 병사에게 내려와 서라는 명령도 stand down이지만, 누군가 마치 연단에 올라 있는 것처럼 열변을 토하고 있을 때 제지하는 말도 stand down을 사용할 수 있습니다. sit up(get up) 역시 일어나라는 뜻으로 사용할 수도 있지만, 멍하니 창밖을 보고 있는 사람에게 "정신 차려!"라는 말로도 쓰일 수 있는 것이죠.

미국인의 숙어를 편하게 사용하려면, 우리말 숙어의 모습을 바르게 정의하는 것으로부터 시작하는 편이 좋습니다. 어떤 분들은 "우리말에도 숙어가 있나?"라며 의아하게 생각할 수도 있을 겁니다. 한국어 숙어는 별도의 개념을 갖지 않은 채, 사용하고 있기 때문이죠.

"오늘은 내가 한잔 쏜다"는 말은 술잔을 총이나 활처럼 쏘겠다는 의미가 아니라, 술값을 지불한다는 의지의 표현으로 쓰입니다. "당구 한 게임 때릴까?"에서 사용된 동사도 주먹으로 친다는 의미가 아니라는 것도 누구나 알고 있습니다. 여기서 숙어의 범위에 대한 의문이 발생하는데, 은어와 속어 그리고 비어는 숙어와 어떻게 다르냐는 질문이 그것이겠죠.

영어의 come down(back) to earth는 단순한 숙어일까요? 우리식 표현이라면 "꿈 깨!"의 의미이니까 속어에 가깝지 않을까요? 많은 숙어가 은어에서 발생하고, 같은 말이라도 상황에 따라 비속어가 되기도 하는 것이죠. 따라서 숙어도 단어처럼 암기의 대상이 아니라, 이해해야 할 부분입니다. 이해가 결여된 단순 암기로 익힌 숙어는 자칫 엉뚱한 결과를 초래합니다. 정장에 심각한 표정으로 "저의 부친께서 어제 숟가락을 놓으셨습니다"라고 말하는 것처럼 상황에 전혀 어울리지 않는 말을 자신도 모르게 하게 되는 경우가 있어서는 안 되겠지요.

결국 영어도 숙어를 익힐 때 정확한 용도를 아는 것이 중요합니다. 지나치게 장난스런 느낌은 또 다른 문제를 일으킬 수도 있지만, 숙어 자체가 상황을 에둘러 표현하는 방식이라고 생각하자는 것이죠.

Hit the bottle	**한잔 때리자구**
Hit the ceiling	**하늘 꼭대기까지 화가 났어**(hit the roof)
Hit the book	**책 좀 봐**

결국 **숙어는 일정한 틀을 가진 대상이 아닙니다.** 영화 한 편 보자는 말을 hit the movie로 사용한다고 해서, 그 누구도 오류라고 단정 지을 수 없다는 말이죠. 흔히 언어를 살아 있는 생명체에 비유합니다. 생성과 소멸이 반복되는 대상이라는 뜻입니다. 요즘은 잘 쓰지 않는 "~납시옵니까"를 사용한다면, 이는 이미 하나의 숙어로서 사용되었다는 것입니다. 말 본래의 뜻 이외의 다른 의미가 함축되었으므로 숙어로 사용되었다는 인식보다는 가벼운 농담의 개념으로 인식해야, 적절한 활용에 도달할 수 있습니다.

이런 인식으로 stand up의 추상적 의미를 생각해 보면, 풀이 죽어서 매사에 의욕이 없는 사람에게 "다시 일어나야지"의 의미로 활용될 수도 있고, 우왕좌왕하는 군중의 주의를 환기시키는 말이 될 수도 있습니다. 따라서 "stand up to 성빈"은 "성빈 씨 앞에 당당하게 서라"는 말이 되기도 하겠지요. 즉, 비유적인 표현이라고 이해하는 게 좋습니다. 이와 비슷한 경우를 예와 함께 살펴보죠.

look up은 '보다'와 '위로'의 개념이 합쳐진 것이니까, "위를 올려다 보다"는 의미입니다. 따라서 "존경한다"는 뜻으로도 사용됩니다. 이런 부분에서 우리말과 비교해 단순한 영어의 단면을 보기도 합니다. look into는 in+to로 인해 "항아리나 입구가 좁은 어떤 용기의 내부를 들여다보다"

라는 말이니까, "심층적인 조사나 수사를 하다"는 의미로 쓰이기도 합니다. see into도 "조사하다"는 의미로 사용되기도 하지만, see와 look의 본래 의미에 차이가 있으므로 같은 into와 함께 활용될 때 비유적인 의미에도 차이가 있습니다.

see를 인지적인 '보다'라고 한다면, look은 생리적인 '보다'입니다. look into가 뭐가 있는지 보거나 찾으려는 행위라면 see into는 뭔지 알려는 행위라는 것이죠. 그래서 look into는 "…을 들여다보다; …을 조사하다"로 사용되고, see into는 "…을 조사하다; 간파하다"로 쓰입니다. 흔히 알았다는 말을 "I see"라고 하는 것만 보아도, 단순히 보는 행위인 look과 인식의 의미인 see의 차이를 알 수 있습니다. '머릿속에 보인다', 곧 "I can picture it"의 뜻으로 쓰인다는 말이죠.

동반되는 전치사에 따른 의미의 변화도 기본 형태를 인식하는 것으로, 외우지 않고 활용할 수 있습니다. up의 아래에서 위로 향한다는 기본 의미를 가지고, 동반되는 동사에 추상적 의미를 부여하게 됩니다.

give up은 주는 행위를 위로 한다는 말입니다. 결국 갖다 바친다는 표현이니까, '포기'의 뜻으로 사용됩니다. 나라를 머리 숙이고 두 손으로 송두리째 바치는 어느 군주의 모습을 떠올리는 것만으로도 충분하겠죠.

make up은 새로이 만드는 것이 아니라, 만들어진 것 위에 보충을 한다는 뜻입니다. 메우거나 보완하고 만회한다는 의미이죠. 그래서 여자들이 화장하는 행위를 make up이라고 하는 거죠. 기존 있는 상태에 메우고 보완해서 좋은 상태를 만회한다고 생각하면 되겠죠.

go up은 위로 가는 것이니까, 속도만 적당하다면 출세라든가 성장의 좋은 의미로 쓰입니다. 그러나 속도가 너무 빠르게 go up을 하면 날아가거나 폭발하는 경우가 생길 수도 있겠지요. 따라서 아예 파산한다는 의미로 사용되기도 합니다. 말의 앞뒤 상황에 따라 변하는 뜻이라기보다는, 억양에 따라 그 뜻이 달라진다고 보면 됩니다. 우리말도 "잘 되고 있지"가 억양의 변화로 비꼬는 말이나 이미 끝장났다는 뜻으로 풀이되는 것과 마찬가지입니다.

많이 쓰는 sit up도 '일어나 앉다'의 의미에서, "정신 차리다—놀라서 일어나다—분발하다"라고 비유적으로 사용됩니다. 우리말의 벌떡 일어났다는 표현과 비슷한가요?

stir up도 그냥 휘젓는 게 아니라, 조금 심하게 젓는다는 뜻이 되겠죠. 따라서 사람을 흔들어 대거나 선동하고 혼란시키는 행위를 표현할 때 사용합니다. 주변에 휘젓고 다니는 사람들 있죠? 우리말의 '젓다'에 '휘-'가 붙어 행위가 심하다는 표현을 하는 것과 다를 바 없지요.

shut up은 위로 닫는 행위니까, 턱을 올려 입을 닫거나 뚜껑을 닫는다는 말입니다. "가게 문을 닫았다"는 말이 정해진 시간이 되어 닫을 수도 있지만 폐업했다고 사용되는 경우에도 쓰이듯이, shut up이나 shut down 모두 폐업의 뜻으로 사용되기도 합니다. 다만 up과 down의 미묘한 차이가 있을 뿐입니다. 창문을 위로 닫고, 아래로 닫는 듯한 느낌 말입니다.

put up도 put down과 비교해 생각하면 쉽습니다. 물건을 어느 위치에 놓는 행위이기도 하지만, 연극을 무대에 올리고 내리는 경우로도 인식하세요. 비유적으로는 (가격을) 올리고 내리고, (싸움을) 계속하고 억제하고, (사람을) 갱생시키거나 죽이는 차이로 사용됩니다.

많이 사용되는 do와 함께 사용되면, 전치사 up은 긍정적인 의미를 표현합니다. 뭔가를 수리하거나 매무새를 다듬는 행위로 make up과 유사한 뜻을 나타냅니다. 반대로 down은 남의 험담을 하거나 누구에게 창피를 주는 행위의 표현입니다. 물론 do up이 지나쳐서 지치게 하는 경우까지 포함될 수도 있습니다.

I'm done up 기진맥진이야.

Keyword 9

단어 학습

언젠가 부산 방송에서 방영된 〈우리는 하나〉라는 프로에 우리말을 썩 잘하는 로버트 할리가 출연해서, 그의 한국어 실력을 유감없이 발휘하는 것을 본 일이 있습니다. 카드에 있는 단어를 보고 차례로 옆 사람에게 구두로 전달해서 답을 맞히는 것이었는데, 한국에서 오랜 세월을 보낸 그의 진정한 어휘 실력을 알 수 있었지요. 여러분도 인터넷을 통해서 한번 보기를 권합니다.

그 문제 중에 '물감'과 '화분'이라는 단어가 있었는데, 그는 물감을 마시는 감으로 표현하고 화분은 큰 부케 즉 화환으로 표현을 하더군요. 영어로는 paint 혹은 dye-stuffs, color 등으로 표현될 물감을 '마시는 감'으로 표현하는 데서 그의 한국어 단어 실력을 느낄 수 있었지만, 어휘 능력과 관계없이 그의 한국어가 매우 능숙하다는 점을 부인할 사람은 없을 겁니다.

이 예는 **단어가 언어에서 매우 중요한 요소이지만, 일상적인 말을 하는 데에는 양적인 부분이 크게 작용하지 않는다**는 단적인 예입니다. 아마 친구와 마주 앉아 10시간쯤 대화를 나누어 보면 쉽게 알 수 있을 겁니다. 대화의 주제를 이리저리 바꾸어도 말을 구성하는 요소들이 반복될 뿐, 실제 나타나는 새로운 어휘는 수백 개를 넘지 못한다는 것이죠.

약 3,000개의 단어라면 5~6세의 어린이들이 모국어의 어휘를 습득하는 수준인데, 결국 그 어린이들이 단어를 많이 알아서가 아니라 말하는 방법을 익혔기에 능숙하게 한국말을 한다는 점에 유의해야 합니다. 여러분도 연수를 떠난다면, 단어에 집착할 것이 아니라 말하는 방법 즉 어법을 대여섯 살 정도 아이들만큼 익히는 것을 목표로 하는 편이 바람직합니다. 물론 최종 목표와는 거리가 있지만, 다섯 살 정도의 언어 구사도 못하면서 성인의 영어를 목표하는 것은 헛된 꿈에 지나지 않습니다.

무려 22,000 혹은 33,000단어를 외우고도 부족해서, 지금도 도서관에서 열심히 단어를 외우는 동료들의 모습은 무시해도 좋습니다. 그들은 수험용 영어가 필요하거나 자신의 목적이 무엇인지 잘 모르는 채로, 시간을 낭비하고 있다고 생각하세요. **여러분의 목적은 유창한 영어와 문화 습득이라는 점을 잊지 말아야, 도서관 영어의 유혹에서 벗어날 수 있을 겁니다.** 그런데도 한국의 도서관에 자리가 없어서인지, 미국이나 캐나다의 도서관에도 한국인 연수생들이 가득한 현실을 어떻게 설명해야 할는지요.

어휘는 뜻과 소리라는 두 가지 요소로 구성되어 있습니다. 여기서 문자는 일단 배제하고 설명하는 배경은, 우리말을 표기하던 방법이 다양했다는 사실로 쉽게 이해하도록 합시다. 향가, 이두, 한자 그리고 한글에 이르기까지 표기는 여러 가지로 변형되어 왔으니까, 일단 배제하자는 말입니다. 게다가 문자는 말소리를 시각적으로 표현하려는 필요 때문에 말보다 한참 뒤에 생겨난 것이기도 하고, 표기법을 알면 그저 소리대로 적는 대상일 뿐이니까요.

따라서 문자로 종이에 써가면서 단어를 익히는 행위는 단어의 본 모습을 무시하는 것이라고 생각해도 무방합니다. 사실 단어의 의미야 성인이라면 이미 다 알고 있는 것이고, 다만 한 가지, 그 소리를 모를 뿐이지 않은가요?

Coin이라는 단어를 예로 들어 보지요. 은행에서도 천대받는 '동전'이라는 의미를 모를 성인은 없습니다. 다만 우리말의 "동전"과 [kɔin]이라는 소리만 다르다는 것이죠. 소리 말고는 서양에서도 동전이 은행에서 천대받는 현실까지 똑같습니다. 그럼 영어의 단어를 갖기 위해선 뭘 해야 하는지, 분명해집니다. 의미는 이미 알고 있으니까, **영어의 소리에 우리가 알고 있는 의미를 연결시키는 것으로 충분하다**는 뜻이죠.

이때 사전적 의미와 소리를 연결시켜서 암기하려는 것은 소통적 영어에 도달하지 않겠다는 맹세와 같은 말이니까 절대 해서는 안 됩니다. 그 이유는 어휘의 다의성 때문인데, 예를 들어 '사랑'이라는 단어에 대해 설명해 보세요. 아마 매우 도식적으로 대답할 수밖에 없을 텐데요, 엊그제 실연당한 사람은 '아픔'이라고 말할 것이고 멋진 여성과 열애중이라면 '행복'이나 '기쁨'이라고 표현하기도 할 겁니다. 이런 측면에서 사전에 수록된 정의는, 상대적으로 그 설명이 매우 빈약하다는 사실을 알 수 있습니다.

문제는 여기서부터인데, 사전에는 실제 내용의 빈약도 부족해서 불필요하다 싶은 자잘한 쓰임새가 너무도 많이 나열되어 있지 않습니까! 그리고 그걸 다 외울 수 있을까요? 설령 암기가 가능하다고 해도 곧 사라지고 마는 것이니까, 그저 여러분이 아는 '사랑'의 의미와 소리를 연결시키는 것이 최선의 방법입니다.

Cap만 해도, 뚜껑이라는 의미가 있기에 씌우는 것, 즉 모자의 뜻으로 사용되기도 합니다. 또한 Hat이라는 어휘와 구분되어, 테가 없는 모자를 뜻하는 것은 '뚜껑'과 일맥상통하기 때문이지요. 우리가 화나서 "아~ 뚜껑 열리네"라고 말할 때를 떠올리면, 간단하게 이해가 갈 겁니다. 영어의 단어도 문법처럼, 암기보다는 이해하려는 노력으로 좋을 결과를 얻게 된다는 뜻입니다.

언젠가 학생 중에 한 사람이 영어로 "붓다"는 아는데 "따르다"라는 단어는 모른다고 해서, 함께 웃은 일이 있습니다. 역시 사전적인 의미에 집착한 결과로, 그 단어를 모른다고 스스로 단정 지었던 거죠. 콜라를 잔에 붓는 행위와 따르는 행위가 다르다고 생각한 겁니다. 그런 측면에선 우리말 표현의 중복성 때문에 쉽지 않은 부분들이 있기는 합니다. 다리도 붓고(swell), 술도 붓고(pour), 화나서 붓고(sulk), 지시도 따르고(obey), 뒤도 따르고(follow), 책임도 따르고(carry), 결정에 따르고(abide), 관습도 따르니까(conform) 말입니다.

AWAKEN! ENGLISH

인토네이션

05

언어의 가장 중요한 부분에 대해서 의견을 나눠볼까요? 혹시 지금 당장은 무슨 말인가 싶고 지루해 보이더라도 관심을 두고 읽기 바랍니다. 충분한 보상이 여러분을 기다리고 있을 테니까요.

음성 언어에서는 구조적인 외형보다 음운적인 변화에 따라 의미가 달라지는 경우가 많습니다. 이런 현상을 학문에서는 '음운층위에 의한 의미층위의 변화'라고 부르는데, 쉽게 말해서 **말의 고저, 장단, 강약이 말의 순서나 규칙 등의 외형적인 구조에 영향을 준다**는 뜻이죠. 말하자면 "리듬이 중요해"라는 말이 "리듬이 중요해↗"나 "리듬이 중요해~" 혹은 "리듬이 중!요!해!" 등의 소리로 표현되면서 의문이나 회유, 강조 등의 내용으로 변화된다는 것입니다.

문제는 말에서는 고저, 장단, 강약이 자유자재로 표현되는 데 반해 **문**

자에서는 그것이 쉽지 않다는 점입니다. 그래서 말을 글로 옮기는 과정에서 **또 다른 기호들이 첨가**될 수밖에 없습니다. 간단한 예로 "안녕하십니까↗"와 "안녕하십니까↘"는 말꼬리의 높낮이에 관계없이 안부를 '묻는' 말이지만, 단순히 어미 '-(으)니까'가 사용되었다고 의문 형태라고 단정 지을 수는 없습니다. 그래서 '?'나 '!' 혹은 '~' 등의 표기를 첨가해서, 그 의미를 세분화하는 거지요. 이렇게 해도 음성 언어와의 차이는 좀처럼 극복되기 어렵지만, 갖가지 기호를 동원해서 여러 감정을 전달하기도 합니다.

또한 일반 문장에서도, 말과 글의 차이를 별도의 기호로 보충하는 아주 분명한 예가 있습니다. "Where is the justice?"라는 의미를 스페인어로 표현하면 "¿Dónde estála justicia?"가 되는데요, 특이하게도 앞부분에 의문부호가 거꾸로 붙어 있습니다. 문장의 앞과 뒤에 의문문이라는 표시가 되어 있다는 점이 재미있지요? 영어와 비교하면 말의 순서도 같을 뿐만 아니라 아예 '정의'라는 뜻의 단어는 사투리라고 할 정도로 형태까지 비슷합니다.

그럼 대체 그들은 왜 문장 앞에도 의문부호를 넣어야 했을까, 궁금하지 않습니까? 지금까지 영어를 하던 식이라면 "으레 그러려니~" 혹은 "외국어니까 그냥 외워!" 하고 체념한 채 넘어갔겠지요. 하지만 사실 이런 궁금증을 통해 언어를 이해하는 시각을 얻는 일은 매우 중요합니다.

"¿Dónde estála justicia?"의 경우는 의문사 'donde'가 사용되었지만, 사실 스페인어에서는 의문사가 없는 의문문과 평서문 사이에 형태상의 구분이 전혀 없습니다. 즉, "¿Van a escuela?"와 "Van a escuela"의 구조상 차이가 없다는 말이죠. 영어에서는 평서문일 때 "They go to school"이라고 하고 의문문이 되면 "Do they~" 형태로 모습이 바뀌지만, 스페인어에서는 의문문과 평서문을 동일한 형태로 표현합니다. 따라서 억양에 의존하지 못하는 문자 표기를 할 때는 문장 앞에 의문부호를 첨가해서, 미리 의문문임을 표현하자고 약속을 했던 것입니다. 왜냐하면 짧은 문장이라면 문제가 없지만, 한 줄 이상의 긴 문장에서는 평서문인지 의문문인지 혼동의 소지가 있기 때문입니다.

이렇게 설명하니 영어에 관한 또 다른 의문이 생길 것 같군요. 스페인어야 의문문과 평서문이 같은 형태이니까 그런 불편을 감수한다고 하지만, 영어는 아예 구조적인 모습이 바뀌는데 왜 의문부호를 써야 하느냐는 질문도 가능합니다. "You have a pen"과 달리 "Do you have a pen?"은 의문부호가 없더라도, 이미 의문문의 형태를 갖추었으니 말입니다. 우리말은 어미변화가 다양하게 활용되기 때문에 첨가 부호의 사용이 당연하다고 할 수 있지만, 평면적인 언어인 영어는 굳이 의문부호를 사용할 필요성이 없지 않을까요? 하지만 영국인들은 Do를 사용하거나 동사의 위치를 바꿈으로써 강조를 나타내도록 했으니까 의문부호를 써야만 하는 것이죠. 앞서 '어법 편'의 '의문문은 없다'를 참조하세요.

한참 설명하다 보니, 오히려 여러분을 더 혼란스럽게 하고 있는 것 같네요. 하지만 지금의 혼돈은 여태껏 여러분이 익혀 온 **문법 위주의 영어에서 벗어나기 위한 통과 의례**라고 생각하시고, 이번 기회에 확실하게 사고의 전환을 꾀해 봅시다.

추 앙 받 는 할 아 버 지

발음기호를 통해 세상에 존재하는 모든 소리를 시각적으로 표시한다는 것은 불가능한 일입니다. 우리말의 '어' 소리 하나도, 각 지방에 따라 조금씩 차이를 나타내기 때문이죠. 그러나 문자를 통해 타 언어를 학습하는 사람들은 어쩔 수 없이 사전에 표기된 발음기호에 의존해 단어를 익힙니다. 소리에 대한 인지 과정이 정착되지 않았기에 어쩔 수 없이 발음기호나 녹음된 음성에 의지할 수밖에 없는데, 그 결과는 청취력 부족으로 이어집니다. 그런 아픔을 극복하려, 자신을 던져 실험했던 프랑스의 한 교사의 이야기가 있습니다.

100여 년 전, 라틴어 교사였던 프랑스인 프랑수아 구앵은 외국어 교육에 대한 회의에 시달렸습니다. 학생들에게 라틴어를 가르치고는 있지만, 자기 자신조차 라틴어를 편하게 사용하지 못하는 현실이 안타까웠던 것입니다.

결국 많은 고심 끝에, 그 원인에 대한 작은 가설을 세웁니다. 라틴어는 문법을 통한 형태만 남아 있어서 익히기 어렵다는 결론이었죠. 이미 지구상에서 사라진 음성 언어이기에 문법만으로는 습득이 어렵다는 자신의 가설을 확인하기 위해, 그는 이웃 나라 독일로 떠납니다.

약 2년간 독일에 체류했던 그는 처음 수개월 동안 자신을 독일어로부터 격리시키고, 골방에서 사전에 나와 있는 독일어의 단어를 모두 암기했습니다. 그 후 모든 독일어 문법을 익히고 단어와 문법을 버무려서 어느 정도 독일어로 소통할 수 있다는 자신감을 가졌다고 합니다. 아마 자신의 전공인 라틴어만큼의 능력을 갖게 되었겠지요. →

커다란 자신감과 함께 대학을 찾아간 그는 후일 위대한 희망의 시발이 된 실망을 맛보게 됩니다. 그 자신의 회고에 의하면, 전혀 의사소통이 불가능했다고 합니다. 독일에 체류하는 동안, 두 권의 서적을 프랑스어로 번역했던 구앵은 결국 문자를 앞세운 소통적 언어학습에 실패하고 프랑스로 돌아옵니다. 귀국 후, 독일로 떠날 때 갓 태어났던 세 살배기 조카를 보고 깜짝 놀랍니다. 아무것도 모르던 갓난아기가 만 3년이 되지도 않아 프랑스어를 조잘대는 것과 자신의 실패를 비교하면서, 유아들의 언어습득 과정을 연구하기 시작했습니다.

그 결과로 일연식 교수법을 창안하게 되었지요. 물론 당시에는 세태에 밀려 그 가치를 인정받지는 못했지만, 지금은 외국어 학습의 커다란 업적으로 기록되어 있습니다. 즉 음성 언어로 존재하지 않는 언어는 익힐 수 없으며, 일반 언어도 소리에 대한 인식이 우선되어야만 바르게 습득할 수 있다는 이론입니다. 문법적으로 완벽한 인공 언어 에스페란토어가 보편적인 언어로 자리 잡지 못하는 이유도 바로 여기에 있습니다.

세종의 천재성

인토네이션과 관련해 세종대왕의 말씀을 잠깐 소개하겠습니다. 세종대왕은 세계 최초의 측우기와 해시계, 물시계 등 수많은 과학 기구가 발명되도록 하신 분으로도 알려져 있지만, 우리가 관심 있는 언어라는 면에서 보더라도 무엇보다 한글을 창제하신 그야말로 대단한 천재셨죠. 여기서 소개하려는 말씀은 재위 14년 되던 을사년 2월 24일『조선왕조실록』에 수록된 내용인데요, 마치 요즈음 우리 젊은이들의 영어 학습 방향을 제시하는 것 같은 착각에마저 빠지게 합니다.

사역원 도제조로 있던 신개가 한숨과 함께 왕께 이렇게 아뢰었습니다. "중국말을 힘써 숭상해서, 권과하는 방법이 지극히 자세하고 주밀하나 중국말을 능히 통하는 자가 드물고 적으며, 비록 통하는 자가 있더라도 그 음이 역시 순수하지 못하므로, 중국 사신이 올 때를 당하면 어전에서 말을 전할 적당한 사람을 얻기가 매우 어렵습니다."

당시는 한글 창제보다 10년쯤 전이니까, 모든 문서가 한자로 통용되던 시기였지요. 지금으로 말하면, 모든 문서는 영어로 통용되는데 영어 통역을 제대로 하는 사람이 별로 없었다는 기이한 이야기입니다. 아무튼 이에 대해 세종께서는 다음과 같이 한탄하십니다. "대개 말이란 것은 **굽고 꺾인 데를 통변하게 하는 데에 맛도 있고 의미도 있는데,** 지금의 통사 등은 대충 그 대강만을 말할 뿐이고, 그 굽고 꺾인 데를 통변하지 못하니 한스러운 일이다."

언어 하나만을 붙들고 살아온 저 스스로를 왜소하게 느끼게 하는 말씀입니다. 세계사에 기록될 훈민정음의 창제에서부터 의료 기술과 법제 정리까지 수많은 업적을 남긴 천재셨기에 가능한 말씀이지요. **말의 굽고 꺾인 데라는 표현이 바로 인토네이션을 지칭하고 있지 않습니까!**

모든 이들이 한자에 능통했던 시기에 중국어를 제대로 사용하는 사람이 적었다는 사실은 **문자와 말에 서로 차이가 있음**을 나타내고 있습니다. 즉, 영문을 아무리 잘 쓰고 읽는다고 해도, 음성을 통한 영어는 결코 되지 않는다는 사실이 이미 수백 년 전에 증명되었다는 것이죠. 또한 언어를 제대로 구사하려면, 인토네이션 학습이 불가피하다는 말씀이기도 합니다.

연수지 전체를 학습장으로

교실 영어, 거리 영어

당시 상황은 지금 우리 생각보다 많이 심각했던 것 같습니다. 그 이유는 신개라는 사람이 사역원 도제조였다는 점입니다. 아시다시피 사역원은 통변사를 양성하는 기관으로 조선 건국과 함께 정식으로 설립된 기관이었습니다. 그런데 그 책임자가 사역원이 제대로 기능하지 못한다고 아뢰고 있는 상황이었으니, 보통 일은 아니었죠. 중국어 습득을 위해 사역원 관리들을 유학시키는 등의 노력이 없지 않았을 텐데, 그 결과가 나타나지 않았다는 말에 다름이 아닙니다.

여기서도 해외 연수를 계획하는 청년들이 유념해야 할 사항이 보입니다. 국가 차원에서 유학을 간 관리들이 어떻게 중국어 학습을 했을까를 생각해 보자는 거지요. 지금처럼 학원이 있었을 리는 만무하고, 개인 지도를 통해 중국어를 익히지 않았을까요? 아마 넓은 방에 좌정해서 한 명 혹은 그 이상의 Tutor를 통해 학습했겠지만, 도제조 신개조차 만족시키지 못했던 겁니다.

『조선왕조실록』이 전하는 또 다른 이야기로, "평민으로서 어전에서 통변하는 광영을 누렸다"는 대목이 있습니다. 평민으로서 외국어를 하려면, 상전을 따라 중국에 건너갔던 수하 중에 한 사람이거나 장사치였을 겁니다. 그가 관리들처럼 교사를 통해 중국어를 익힐 방법은 없었을 테고, 거리를 배회하며 아주 원초적인 방법으로 언어를 익혔겠지요? 그리고 그 결과는 비용과 시간을 들인 것보다 값져서, 어전에서 통변하는 영광을 얻었던 것입니다.

많은 젊은이들이 연수지에서 실망하는 것 중에 하나가, 외국의 E.S.L. 과정이 한국 내의 그것과 별로 다르지 않다는 점입니다. 물론 함께 공부하는 학생들의 머리와 눈 색깔만 다르지, 국내와 마찬가지로 영어를 못하는 사람들뿐이라는 점까지도 동일하지요. 진정 해외 연수에서 답을 얻고자 하시나요? 그러면 한국에서 연수에 필요한 기본 능력을 키우고 난 후에, 특정 학원이 아니라 연수지 전체를 학습장으로 활용하는 것이 바람직합니다.

07 한국어처럼

외국어를 모국어처럼 사용하고 싶다면, 우선 **편안하게 해당 언어를 이해할 수 있어야** 합니다. 누구나 영어를 한국어처럼 말하고 싶어 하지만 쉽게 성취하지 못하는 이유는, **번역이라는 불필요한 과정을 통해서 영어를 이해하기 때문입니다.**

그리고 많은 사람들이 영어를 한국어처럼 듣기를 원하면서도, 정작 한국어는 어떻게 듣고 이해하는지조차 모르고 있습니다. 모국어를 어떻게 듣는지도 모르면서, 외국어를 모국어처럼 듣겠다고 엉뚱한 노력이 계속되고 있는 거죠. 그럼 **어떻게 번역 없이 한국어를 이해하는지** 알아봅시다.

"짧은 치마를 입은 여자가 버스를 타려고 마구 뛰고 있어."

여러분은 이 말을 어떻게 알아듣게 되었을까요! 그것도 **듣자마자** 말이지요. 듣는 동시에 곧바로 의미를 인지하는 이 현상은 **'염상'**이라는 기능으로 인해 생깁니다. 말을 들으면서 우리는 어떤 여자가 버스를 향해 뛰는 옆모습을 **머릿속에 그리게** 되는 거지요. 염상이라는 존재를 좀더 확인하기 위해 몇 가지 예를 더 들어 볼까요.

"도서관에 책이 하나도 없어."

"어머니가 마당에서 설거지를 하고 계셔."

"빨~간 사과가 노란색 탁자 위에 있어."

어떻습니까, 염상의 실체를 느낄 수 있었나요? 도서관 책장의 색깔을 기억해 보세요. 앞에서 말했듯이 머릿속에 그림이 그려질 겁니다. 부엌이 아닌 마당에서 설거지를 하시는 어머니의 의상이 한복이었던 분들도 계실 겁니다. 탐스럽게 빨~간 사과 한 알을 떠올린 분들도 계시겠지요.

우리가 흔히 하는 말에 "안 봐도 뻔~하다"나 "눈에 선~하다" 정도가 염상에 대한 이야기라고 생각하면 되겠죠. 서양 친구들도 "Can you picture it?"이라고 말할 정도로, **머릿속 그림의 존재**를 확실히 인지하고 있습니다. 이러한 염상의 기능은 정보의 입출력 모두에 적용됩니다. 우리가 어떤 상황을 말이나 글로 표현할 때에도, 처음 그 상황을 들었을 당시 떠올린 염상을 다시 떠올리며 쓰거나 말로 전달하는 것이지요.

예를 들어, 앞의 버스에 타려고 뛰던 아가씨의 상황을 나중에 글로 표현하려고 마음먹는 순간, 아까 떠올랐던 염상이 다시 되살아나는 것을 알 수 있습니다. 물론 성인의 경우, 일상생활에서 쓰는 말 모두를 염상에만 의존하지는 않습니다. 사람이 죽었다는 표현만 하더라도 "유명을 달리했다", "사망했다", "숟가락을 놓았다", "하느님의 부름을 받았다", "저승길을 떠났다", "세상을 버렸다" 등 추상적인 말도 함께 사용하지요.

하지만 추상이라는 개념 역시 염상 능력이 바탕이 되고 점차 성장하면서 발달하게 되는 것이므로, 지금 설명하는 염상의 중요성은 이루 말할 수가 없을 정도입니다. 언어 성장의 큰 줄기라고 할 수 있는 염상 능력은 인간이 태어나서 약 십여 년을 지속적으로 훈련해서 얻는 기능이기도 합니다.

이는 엄마가 어린 아기에게 하는 행동을 보면 쉽게 알 수 있습니다. 이제 겨우 걸음마를 하는 아기에게 "난 널 지극히 사랑한단다"라며 빠르게 말하는 엄마는 없습니다. 팔을 둥글게 펼쳐 보이면서 아주 천천히 "엄마는 우리 건영이를 이만~큼 사랑해요"라고 말하지요. 염상 능력이 없는 아기에게 시각적으로 '크다', '많다'의 의미를 행위와 함께 알려 주는 것입니다. "얼른 다녀올게"라고 말할 때에도 적절한 표정과 함께 팔꿈치를 접어서 앞뒤로 흔들며 아기에게 전달하는 모습 등에서 염상 훈련의 일단을 볼 수 있습니다. 아기는 그런 시각적, 청각적 입력이 반복되면서, 나중에는 행위가 없이 소리만으로도 머릿속에 형상을 그리며 '얼른'이나 '빨리', '많이'라는 말을 저절로 이해하게 되는 것이죠.

이제 우리말이 어떻게 번역 없이 이해에 도달하는지 어렴풋이나마 이해가 될 겁니다. 세상의 어떤 언어든, **소리를 듣는 순간 머릿속에서 그 상황을 재현한다**는 것은 불변의 이치입니다. 즉, **모국어든 외국어든 번역이란 없다**는 말입니다. 주어가 어떻고 동사가 어떻고 하는 이야기는 언어에 관한 것이지, 언어 그 자체를 습득하는 데에는 전혀 불필요합니다.

그리고 세상의 모든 언어에는 커다란 약점이 있습니다. 무조건적으로 매우 쉬워야 한다는 명제가 바로 그것입니다. **언어는 수백, 수천 년을 이어가는 것이고 그 대상이 언제나 아무것도 모르는 어린 아기들이라는 점에서, 어떤 언어든 쉽고 규칙적이어야만 합니다.** 아마 지금껏 여러분이 애써 온 공부 방식이 영어를 배우는 유일한 방법이라면, **영어는 이미 세상에서 사라지고 말았을 겁니다.**

지금껏 설명한 내용이 약간 복잡하게 느껴진다고 해서, 겁을 먹을 필요는 없습니다. 성인은 이미 모국어를 통해 염상과 추상의 능력을 얻었기 때문에, 아기들보다 훨씬 빠르고 정교하게 언어를 배울 수 있으니 말입니다. 흔히 모국어가 안정적일 때 외국어를 학습해야 한다는 말도 그런 맥락의 설명입니다. 염상과 추상의 기능이 어느 정도 생긴 이후에 외국어 학습을 시작해야 효과적이라는 말이기도 하지요.

모국어처럼 듣는 방식을 말한다면서, 잠시 옆길로 빠졌네요. 아무튼 여러분이 한국어 문법에 대해 알게 된 때는, 아마 중학교 고학년이나 고등학교에서 아니었던가요? 다시 말하면 이미 우리말을 잘하는 상태에서, 우리말의 제반 모습에 대한 지식을 얻었던 것입니다. 국문법을 통해서 한국말을 배운 것이 아닐뿐더러, **오히려 문법을 통해서였다면 한국어 자체를 아예 익히지 못했겠지요.** 그런데도 아직까지 영어는 문법책을 통해서 익히는 대상이라고 굳게 믿고 있으니, 정말 기가 막힐 노릇입니다!

지금까지 강조한 염상의 기능은 적절한 훈련이 적용되면, 성인은 불과 며칠이면 영어에 접목시킬 수 있습니다. 앞서 말했듯이 모국어에서 이미 그 능력을 배양했기에 가능한 일이지요. 하지만 영어에서 모국어와 동일한 수준의 염상 능력을 얻기 위해서는, **소리에 대한 인식 능력을 배양해야만** 합니다.

이런 염상과 추상의 능력이 문법 능력과 어우러져서, 우리가 의도하는 바를 음성에 실어 상대에게 전달하게 됩니다. 즉, 사고 능력을 받쳐줄 문법 능력도 함께 배양되어야 하는데, 그 문법의 기능은 염상이나 추상적 사고 접목에 비하면 너무도 단순한 기능입니다.

언 어 는
비 상 식

인간의 보편적인 기능인 '말'이 상식적이지 못하다는 주장을 의아하게 생각할 만큼, 여러분 각자는 외국어 학습에 대한 나름대로의 판단을 갖고 있습니다. 그중에 너무 보편적인 것들은 그 옳고 그름을 생각할 새도 없이, 무조건적으로 받아들이는 경우도 많습니다. 특히 영어에 대해서는 너무도 주옥(?)같은 상식이 우리 주변에 범람합니다. 제 눈에는 혹세무민일 수밖에 없는 말에 대해 학습자들은 무방비 상태로 노출되어 있는 것 같아, 몇 가지 예를 들겠습니다.

"영어를 잘하려거든 영어로 생각하라."

어느 누가 영어로 생각하고 싶지 않을까요? 언어는 사고를 바탕으로 표출되는 것이므로, 사고의 형태에 종속될 수밖에 없습니다. 따라서 이는 소통적 영어가 가능한 사람이 자신의 상태를, 흉내조차 불가능한 일반 학습자에게 강요하는 무리한 발상입니다. 마치 문자를 처음 배우는 아이에게 "붓은 몸과 일체가 되어야 하느니라~"는 심오함을 심으려는 노력과 다르지 않습니다. 따라서 이 말은 "영어를 잘하려면, 영어로 사고할 수 있도록 훈련을 해야 한다"가 바른 표현입니다.

"영어의 기본틀은 문법이다."

영어는 말이고 한국어는 말이 아니던가요? 세상의 모든 언어는 규칙이 전제되어 있으니, 전혀 의미가 없는 말입니다. 마치 모국어도 문법부터 익혀야 한다는 말처럼, 공허한 소리입니다. 이 역시도 "영어의 규칙에 충실해야 한다"가 적절한 표현이 되겠지요. 그리고 영어의 규칙은 문자에 국한된 것이 아니라 소리 규칙도 익혀야 된다는 점도 숙지시켜야 하겠습니다.

"일상회화에 필요한 어휘는 최소 20,000단어이다."

가까운 친구와 두 시간만 수다를 떨고 나면, 화제의 부족을 느끼게 됩니다. 그리고 그 두 시간 동안 사용한 어휘의 숫자를 막연하게나마 계산해 보면, 20,000은커녕 2,000개도 되지 않음을 알 수 있습니다. 영어뿐만 아니라 모든 언어에서 일상생활에 필요한 어휘는 최대 1,500개입니다.

몇 년 전, 영어에 관한 한 해박한 지식을 자랑하던 한 학습자에게 웃지 못할 상황이 발생했습니다. 이 학습자는 당시 캐나다에 살고 있었는데요, 어느 날 임신한 부인이 해산을 위해 병원으로 실려 갔다는 전갈을 받았습니다. 바로 병원으로 간 그에게 직원이 Delivery Room으로 가라고 했답니다. 그 말을 들은 그 학생은 우편함을 찾아 건물의 이곳저곳을 헤매며 시간을 낭비했다고 하더군요. 다리 밑에서 아이를 주워오는 우리와는 달리, 서양 사람들은 새가 아이를 배달한다는 생각을 가지고 있어서 분만실을 Delivery Room이라고 부른다는 사실을 몰랐던 것입니다. 어휘의 숫자보다는 그들의 문화를 아는 게 중요하다는 단적인 예라고 하겠습니다.

"많이 들어야 귀가 열린다."

'들을 수 있다'는 것은 '말할 수 있다'는 것의 필연적인 전제이므로 매우 중요합니다. 그러나 L.A.D.가 활성화되어 있지 않다면, 자연적인 이해는 불가능하죠. 이런저런 설명보다, 중학교 입학부터 지금껏 열리지 않은 귀가 갑자기 열릴 것이라는 기대는 이미 물 건너갔다고 보는 편이 옳습니다. 정말 듣고 싶다면, 뒤에서 설명할 브로카와 베르니케의 기능을 배양하는 것이 유일한 방법입니다.

A.S.T.P

AWAKEN! ENGLISH

08

A.S.T.P.는 Army Special Training Program의 약자로, 제2차 세계대전의 와중에 탄생한 언어 교수 방법입니다. 여러분이 잘 아시는 구두 청각식 교수법과 현재 미국 정부가 사용하는 언어 교육 방식의 근간으로서, 효과 면에서 언어 습득에 커다란 획을 그은 교수법입니다.

제2차 세계대전이 발발하고도, 미국은 평온한 가운데 곡물과 육류 그리고 전쟁 물자의 수출로 경제 호황을 한껏 누리고 있었습니다. 그러나 그 평온은 일본의 진주만 공격으로 막을 내리게 되었지요. 갑자기 넓은 전장에 병사를 파견하게 된 미국은 전쟁의 부산물인 포로를 심문하고 문서를 번역할 인원이 필요하게 됩니다.

당시는 요즘처럼 통신 기술이 발달되지 않았기에, 미국의 각 부처마다 외교 문서를 번역하는 우수한 번역사가 많이 있었습니다. 따라서 미국 정부는 그들을 차출해서 언어를 교육시키기 시작했지요. 이미 문자를 소화할 수 있는 사람들이기에 언어 습득이 더 빠르리라고 예상했지만, 결과는 정반대로 나타나게 됩니다.

글을 통해 영어를 배웠다는 이유로 끊임없이 고통받는 우리는 쉽게 이해할 수 있는 일이지만, 당시의 미국 정부에겐 정말 비상식적인 일이었습니다. **읽고 쓰기는 빠르고 정확하게 하는 사람들이 듣고 말하는 능력은 너무도 형편없었고, 교육을 받아도 전장에 투입할 만큼의 능력이 되지 않더라는 것이죠.** 이런 고충을 겪는 사이에, A.S.T.P.가 탄생했습니다. 다급한 정부로선 지푸라기라도 잡는 심정으로 그들에게 기회를 주었고, 다행히 그 결과는 만족스러웠습니다.

Army Special Training Program은 교육 대상을 선발하는 데서부터 상식과는 거리가 먼 상태로 시작되었습니다. 아예 해당 언어와는 무관하게, 언어 능력이 좋은 사람들을 선발했습니다. 이 부분도 이해하기 어렵지요? 특정 언어에 능통한 사람이 아니라, 전반적인 언어 능력이 좋은 사람은 존재합니다. 다시 이야기하면, 어떤 언어든 다른 사람보다 쉽게 소화하는 사람들을 뽑아서 백지 상태에서 특정 언어를 교육했다는 것입니다. 축구선수를 선발하는 데 달리기를 잘하는 사람을 뽑고, 농구 팀을 만들면서 키 큰 사람으로 구성한다는 말과 마찬가지 경우라 보면 되겠네요.

상대적으로 언어 능력이 뛰어난 사람은 노래도 잘하고 나서기 좋아하며 얼굴이 좀 두꺼운 경향이 있지요. 노래를 잘한다는 것은 음정과 박자를 정확히 인지하고 구현하는 능력이 있다는 뜻으로, 음성 언어에 중요한 부분을 모두 가졌다고 하겠습니다. 또한 나서기 좋아한다는 측면도 적극적이고 진취적인 성격의 소유자라는 것을 말합니다. 얼굴이 두껍다는 점도 일단 목표를 정하면 원하는 바를 위해 물불을 가리지 않는 성향을 뜻합니다.

이런 특징을 가진 자원들을 선발해서, 당시로서는 아주 파격적인 교육을 실시했습니다. **문자를 완전히 배제한 채, 구두로만 언어 훈련을 시켰던 것**입니다. 그리고 그 성과로 교육 6개월 만에 전장에 통역사를 배치하기 시작했죠. 다만 문서 해독에 문제가 있어서, 앞서 말씀드린 번역가들과 2인 1조가 되어 업무를 수행했다고 합니다. 어떻습니까? 지금 다시 영어를 시작한다면, 여러분은 어떤 방법을 선택할지 궁금하네요.

미국 공무원

미국의 각 부처는 세계 각지로 인력을 내보내고 있는데, 장기 체류자라면 파견에 앞서 해당 언어의 교육이 필수적으로 수행됩니다. 근무 일정에 따라 교육 기간의 차이는 있지만, 대개 3개월에서 1년의 언어 및 문화 교육을 받게 됩니다. 미국 내의 언어 교육은 매우 효율적으로 조직되어 있어서, 보통 1년이면 상당한 수준으로 해당 언어를 구사하게 됩니다.

그런데 전 세계 언어 중, 미국 내의 교육 외에 근무지에서 2차 교육을 필요로 하는 다섯 개의 언어가 있습니다. 한국어와 중국의 두 언어, 아랍어 그리고 일본어가 바로 그것입니다. 결국 다른 언어들과 달리 이 다섯 언어는 미국인에게 그만큼 어렵다는 말이고, 뒤집어 얘기하면 한국인에게도 영어는 상대적으로 익히기 어려운 언어라는 말입니다.

한국어 교육관으로 미 대사관에서 우리말을 가르쳤던 이현숙 선생님은 미국 외교관들의 2차 교육은 표현력 훈련에 중점을 둔다고 합니다. 즉, 1차 교육만으로 이미 일정 수준의 이해력을 갖추었다는 것으로서, 번역 일변도로 외국어를 접하는 우리의 현실과 크게 비교되는 부분입니다.

심층과 표층 09

AWAKEN! ENGLISH

제2언어로서 영어를 배우는 데 청소년보다 성인이 훨씬 효과적이어야 하는 것은 상식처럼 보입니다. 세상 돌아가는 이치도 터득하고 문법과 단어도 상대적으로 많이 아는 성인에 비하면, 아이들은 외국어를 배우는 데 필요한 것을 너무도 못 갖춘 상태에 있다고 하겠습니다.

그러나 결과는 우리 모두가 아는 바와 같이 상식과는 정반대로 나타납니다. 바다를 건넌 지 6개월 정도만 되어도 사춘기 이전의 아이들은 영어를 영어답게 구사하기 시작하죠. 즉, 소년기의 외국어 습득은 상식과 무관하다는 말인데요, 성인인 여러분은 **너무도 상식적인 공부만을 고집하고 있지 않은지** 묻고 싶은 대목입니다.

영어의 소리뿐만 아니라 언어의 구조마저 쉽게 모방을 통해 배우는 아이들을 일컬어 우수한 심층 구조의 모방자라는 말을 할 정도로, 언어가 신의 선물임을 느끼게 합니다.

심층은 말 그대로 **표현하고자 하는 의도**를 말하고, 표층은 **입으로 표현된 결과**를 의미합니다. 따라서 의도의 생성으로부터 표층으로의 전환까지를 심층이라고 부릅니다. 전날 밤에 심하게 다툰 부부가 다음 날 너무 심했다고 반성하며 서로에게 부드럽게 대하려는 마음을 먹었다면, 이미 하나의 심층이 구성된 것입니다. "오늘 반찬은 뭔가~" 하며 은근한 목소리를 연습까지 하고 들어온 남편이 아내의 불편한 얼굴을 보자마자 퉁명스럽게 "밥 줘!"라고 말하는 경우, 우리는 심층에서 순간적인 변화가 일어났음을 알 수 있습니다. 마음먹었던 말이 자신도 알지 못하는 사이에 순간적인 감정이나 외적 변화에 지배되어, 의지와는 전혀 다른 표층이 구성되고 만 경우라고 할 수 있죠. 따라서 의도했던 부분이나 감정적인 변화를 일으키기 직전의 상태까지를 각각의 심층이라고 이해하면 됩니다. 영어 표현과 좀 더 가까운 예를 들자면, 우리의 존대와 평어 그리고 하대로 비교할 수 있습니다. 누군가 사무실로 들어오는 기척에 밥을 먹었느냐는 인사를 던지려고 고개를 돌리는 순간, 상사가 눈에 띄면 곧바로 존대를 하게 되는 것으로 심층을 이해하면 됩니다.

이처럼 의도된 바가 상황이나 감정에 맞추어 표현되기 직전까지를 심층 구조라고 하는데, **영어는 우리말의 존대로 바뀌는 것과 비슷한 위치에서 결정됩니다.** 이는 매우 중요한 지점입니다. 즉, 어떤 말을 하려는 의도가 원래부터 영어로 만들어지는 것이 아니라 **상황에 따라 변화하는 상대적으로 낮은 차원의 발화 또는 표현**이라는 말이지요. 의도란 곧 사고라는 개념과 상통하는데요, 결국 이로부터 영어식 사고란 심층의 바닥에 따로 존재하는 게 아니라 **기존 사고에 영어식 개념이 접목되는 것**이라고 설명할 수 있습니다. 앞에서 예로 든, 밥을 먹었느냐는 인사—기존 사고—가 상사를 보는 순간 존대로 바뀌는 과정—영어식 개념이 접목—이라고 생각하면 쉽습니다.

이에 반해, 음과 음조로 이루어지는 표층은 **복잡다단한 의도나 심층을 조음 구조를 통해 밖으로 표출하는 현상**입니다. 심층의 갖가지 감정과 의도가 음조를 통해서 자연스레 전달되는 것인데요, 소리의 최소 단위인 음소의 연결이 고저나 장단 그리고 강약을 통해 음조를 이루어서 심층을 대변하게 됩니다. 흠잡을 데 없이 잘 다듬어진 영어 문장을 말하는데도 상대방이 알아듣지 못하는 경우를, 표층의 오류라고 생각하면 되겠지요.

앞서 말한 바와 같이 어린이를 위대한 심층 구조의 모방자라고 일컫는 이면에는, **자연스런 표층의 모방이 필수적으로 우선**됩니다. 외국어를 배우는 데 필요한 도구가 전혀 준비되지 않은 상태에서 언어를 배우기 시작하지만, **모방 능력을 통해 표층을 쉽게 정복함**으로써 모국어에 가깝게 영어를 구사하게 됩니다. 또한 심층은 이런 표층의 올바른 습득을 통해서만 정착하게 되므로, 중급 정도의 영어 학습자라면 표층과 관련된 훈련에 많은 힘을 쏟아야 할 것입니다. 언어 습득의 삼요소인 단어, 문법, 발음 중에 단어와 문법은 심층을 구성하는 요소들이지만 겉으로 드러나는 발음은 이해와 표현에 직접적으로 작용하기 때문에 가장 중요한 요소입니다.

PART 3

READING 읽기와

LISTENING 듣기

Prologue

제가 처음 영어를 가르친 대상은 스페인어 사용자들이었습니다. 직업이 변호사들이기도 했었지만, 학습 속도가 매우 빠른 것을 단순히 두뇌 회전이 빠르기 때문이라고 생각했었습니다. 그런데 캐나다에 와서 처음 한국 연수생들을 가르치면서 스페인 사람들에 비해 현저히 떨어지는 학습 능력에 당황했던 기억이 생생합니다.

스페인 사람들의 영어 실력은 요즘 초등학교 고학년 정도의 문법과 단어 수준이었고, 한국 연수생들은 문법과 단어는 이미 충분히 아는 상태였지요. 그럼에도 영어능력 향상의 속도가 현저하게 떨어졌습니다. 결국 첫 클래스를 마칠 즈음에야 E.S.L. 방식은 동양인에게 부적절하다는 결론에 도달했습니다. 그 후 수년간 E.S.L. 방식을 보완하기 위해 노력했지만, 말이 아닌 문자를 통해 영어를 익힌 학습자들은 외국인에 비해 역시 현저하게 낮은 성취도를 보였습니다. 마침내 문자 우선 학습의 폐해를 타파하는 새로운 교수법의 필요성을 깨닫고 1992년 토론토에서 Awaken! 학습법의 개발을 시작했습니다.

그리고 4년 후, 언어학과 심리학의 효율적 접목을 통해 탄생한 Awaken!은 대한민국 경찰대학의 우수한 인재들에게 2년간 적용되어 매우 고무적인 성과를 얻었습니다. 그 후에도 '듣지 못하는 사람은 말할 수 없다'는 지극히 당연한 명제에 부응하기 위한 노력이 캐나다에서 이어졌고, 고등학교 수준의 단어 능력만 있다면 누구나 쉽고 빠르게 영어를 몸으로 익힐 수 있게 되었습니다. 물론 이 연구 결과는 캐나다에서 저 차석호와 함께 영어를 훈련했던 많은 청년들이 있었기에 가능했습니다. 이 기회에 그들 한 사람, 한 사람에게 감사의 뜻을 전합니다.

이 파트는 한국어처럼 영어를 듣고 말하는 방법을 설명합니다. 우리를 괴롭히는 영어에 대한 수많은 루머의 진위를 스스로 판단할 수 있는 능력과 함께 지금까지 결과에 이르지 못하던 일본식 영어 교육에서 벗어나야 하는 이유가 수록되어 있습니다.

Keyword 1

문자의 입출력

이제 표기하는 방식은 알았지만, 뭘 어떻게 쓰느냐~의 두 가지 과제가 남았네요. 그중 '어떻게' 쓰는가에 대해 먼저 알아보도록 하지요! 영어를 어떻게 쓰는가에 쉽게 접근하기 위해서는, 한글은 어떻게 쓰고 있는지부터 살펴보는 편이 순서일 것 같습니다. 왼손 바닥에 각자의 전화번호를 손가락으로 적어 보세요. 한글로 본인의 이름을 적고, 영문으로도 써 보도록 하세요.

혹시 한 번으로 부족할 수도 있으니까, 같은 행위를 한 번만 더 반복해도 좋습니다.

손바닥에 적으면서 여러분의 두뇌가 무엇을 했는지, 혹시 기억할 수 있을까요? 만일 두뇌의 행위를 인지하지 못했다면, 이번엔 신경을 쓰면서 아주 천천히 손바닥에 다시 써보세요.

손가락 움직임과 동시에 여러분의 머릿속에서 발생하는 소리가 들린다는 사실이 재미있지 않습니까! 즉, **쓴다는 행위는 두뇌에서 발생하는 음성을 시각화하는 것**입니다. 전화번호 하나도 '8…4…9…7…'과 같은 소리가 나지 않으면 손가락은 아예 움직일 수도 없습니다. 이름 또한 마찬가지로 '건…영…'이라고 마음의 소리가 전제되어야, 손바닥에 적을 수 있다는 말이지요.

다만 아쉬운 점은, 영어로 적을 때의 소리는 '건…영…'이라는 소리가 아니라, 'g…u…n…n…y…u…'로 알파벳이었다는 점입니다. 그만큼 영어 표기와 한글 표기의 능력 차이가 크다는 이야기로서, 영문으로 표기할 때에도 머릿속의 소리가 한글로 쓸 때와 같이 '건…영…'으로 나는 것이 바람직합니다. 한글로 쓸 때에도, '기억…어…니은…이응…여…이응'의 방식으로 소리가 재생되지는 않으니까 말이죠. 그런데 왜 이름에 N이 두 개냐고요? 만일 Gunyung으로 쓴다면, 그들의 표기 규칙으로는 '구~녕'으로 읽어야 하기 때문입니다. 따라서 N을 두 개 써서, 앞의 U가 [ə]로 소리 난다는 표시를 해준 것입니다. 사실 한자어가 바탕인 동양 언어들은 GunYung이라고 써야만 하는데, 이 부분은 『번역에 멍들고 E.S.L.로 상처받은 한국인을 위한 깨는 영단어』에서 심도 있게 다루겠습니다.

Keyword 2

마음의 소리

앞서 말한 영문법과 단어에 무지한 유럽 출신 급우들이 영어로 대화하는 것을 듣자면, 한국인 학생들은 매우 불편하기만 합니다. 도대체 문법에 제대로 들어맞는 말은 별로 없는 것 같은데, 자기들끼리 혹은 교사와 웃고 떠들 수 있다는 사실을 눈으로 보면서도 믿기가 어렵지요. 그래서 또 한 번의 좌절에 시달리기도 합니다.

하지만 **말이란 생각나는 대로 하는 것**이라는 점만 분명히 알면, 그런 불편함에서 쉽게 벗어날 수 있습니다. 앞서 우리말도 조사 덕분에 마구 위치가 바뀌어도 소통에 불편이 없다는 점을 설명했었지요. **영어도 말뭉치 즉 말의 단위만 숙지하게 되면, 생각나는 대로 말해도 전혀 문제가 발생하지 않습니다.**

결국 **영어를 어떻게 쓰느냐는 문제는 자신의 말하는 능력에 분명하게 비례한다**는 것이 정답입니다. 따라서 제대로 된 영문 작성은 제대로 된 영어 구사력이 생성되었을 때에만 가능하다는 말이 됩니다. 지금까지 우리가 해 온 영작의 방식은 언어의 기본틀과는 정면으로 배치되는 방법이라서, 보통의 학습자는 짧은 편지 한 장도 편하게 쓰지를 못했던 것입니다.

머릿속의 소리는 출력에만 국한되는 것은 아닙니다. 듣거나 읽는 경우에도 똑같은 메커니즘이 작동되어 이해에 도달하게 됩니다. 너무도 익숙한 한글이라 이 글을 읽으면서 미처 느끼지는 못했겠지만, 여러분 **마음속에서 소리 내는 행위가 선행되기에 이해에 도달하게 된다**는 거죠. 선뜻 납득하기 어렵다면 천천히, 아주 천천히 다음의 글들을 읽어 보세요.

1. 희범이가 공원 벤치에 앉아, 휴대폰으로 게임을 하고 있다.
2. 梅經寒苦發淸香.
3. A lady is looking up her instructor in the car.
4. No tengo dinero para comprar la casa ahora.

(1)번의 한글을 천천히 읽으면, 우리 두뇌에선 두 가지 행위가 동시에 발생합니다. 머릿속의 소리가 글을 읽는 행위와 어떤 청년이 벤치에 앉아서 휴대전화로 무슨 게임을 하는 듯한 영상이 떠오른다는 말입니다. 별도의 노력 없이 (1)번의 글을 이해할 수 있는 이유가 **바로 영상 곧 떠오르는 상황에 의한 것**인데, **머릿속의 소리가 선행되지 않는다면 그 영상도 나타나지 않는다**는 재미있는 사실을 느낄 수 있을 겁니다.

(2)번은 한자를 배우지 않는 요즘 젊은이들의 경우, 아예 머릿속의 소리조차 존재하지 않거나 일부 아는 한자의 소리가 있더라도 전체적인

의미에 도달하지 못합니다. 한자를 어느 정도 아는 사람도 머릿속의 소리는 들을 수 있지만, 역시 확실한 의미에 도달하지 못하는 경우도 있을 테고요. 음독을 해 보자면, “매경한고발청향”이 되는데요, 그 뜻은 다음과 같습니다. “매화는 추위의 고통을 이겨내고 맑은 향기를 풍긴다.”

(3)번은 한글과 마찬가지로 머릿속의 소리를 느낄 수도 있고 쉬운 내용이므로 어느 정도 이해는 할 수 있지만, 한글을 읽을 때처럼 염상을 통해 저절로 의미를 알 수 있는 사람은 많지 않을 겁니다. 대부분 자신도 모르게 한국어로 번역해서 말뜻을 이해하는 것이 보통입니다. 마지막 (4)번은 스페인어를 모르는 사람이라면, 각자 편한 대로 이런저런 소리를 내어 보지만 결국 소리도 의미에도 도달하지 못하는 경우를 보여줍니다.

결국 **쓰거나 읽는 행위는 두뇌에서 발생하는 소리에 의해, 자신의 의도를 전달하거나 타인의 뜻을 이해하게 됩니다.** 물론 머릿속 소리가 구현된다 해도, 어휘나 문장의 구성을 이해하지 못하면 의미화되지 않겠지요. 하지만 여기서 가장 중점을 두어야 할 부분은 바로 머릿속의 소리입니다. **글자를 쓰고 읽는다는 개념의 기본인 두뇌의 소리가 얼마나 활성화되어 있는가에 따라 외국어와 관련된 많은 것들이 결정됩니다.**

청취력의 실체

영어가 잘 들리지 않는다고 호소하는 사람들은 가장 먼저 영어의 소리 자체가 잘 들리지 않는지 혹은 소리는 명확히 들리는데 그 의미를 파악하기 어려운지 확인하고 판단해야 합니다. 전화기에 문제가 있는지 아니면 통신 서비스가 좋지 않은지를 살펴보자는 말이죠.

지금까지 영어는 외국어니까 한국말처럼 들을 수 없는 것이 당연하다고 생각하며 살아 온 분들이 너무도 많기 때문에, 한 번은 꼭 짚고 넘어가야 할 부분입니다. 실제로 귀 자체의 이상으로 소리를 제대로 듣지 못하는 경우도 있을 테고, 두뇌에서 소리를 인식하는 부분에 문제가 있을 수도 있으니까요. 우리는 단순히 안 들린다고 호소하지만, 거기엔 여러 가지 원인이 혼재되어 있습니다.

가장 걱정스런 것은 두 가지 모두가 원인일 때인데, 한국어로 의사소통에 문제가 없는 사람이라면 청력에 대한 걱정은 전혀 할 필요가 없겠죠.

다만, 한국어 청취에서도 적지 않은 불편을 느끼시는 분들은 일단 영어 학습은 청력 치료 후로 잠시 미루는 편이 좋습니다. 외국어는 아무리 잘해도 모국어 이상의 능력을 발휘할 수는 없으니까요.

다만 한국어를 듣고 말하는 데 아무런 문제가 없다면, 특별히 영어만 방해하는 귀마개를 자신도 모르게 착용하고 있는 것은 아닐까~, 한 번쯤 생각해 볼 필요가 있습니다. 본래 언어는 브로카와 베르니케라는 두뇌 영역의 협동으로, 우리 귀에 들리는 모든 소리와 그 의미를 인지하게 됩니다. 베르니케는 소리가 갖는 의미를 파악하는 역할을 하고, 브로카 영역은 두뇌에 전달된 소리를 재생하는 일을 맡고 있지요.

자동차 전문가는 엔진 소리만으로도 기계의 상태를 짐작할 수 있지만 보통 사람에겐 단순한 소음에 불과한 것과 마찬가지로, 영어도 사람에 따라 깨끗하게 들리기도 하고 크고 작은 잡음이 섞인 소리처럼 느껴지기도 합니다. 그리고 이것은 두뇌 한 부분의 상태에 따라 결정됩니다.

소리를 매개로 한 청취는 Hearing과 Understanding 그리고 Comprehension으로 분류됩니다. 의미를 인지하지 못한 채 그저 개 짖는 소리나 뱃고동과 같은 소리로만 들리는 상태를 Hearing의 단계라고 한다면, Hi나 Bye 등의 짧은 어형들이 소리 자체로 의미와 함께 인식되는 것을 Understanding이라고 정의합니다. 마지막으로 우리 대부분의 소원이라고 말할 수 있는 Comprehension은 말을 통해 의미는 물론 상대의 감정과 숨겨진 의도까지 가늠해 보는 능력을 말하지요. 지금부터 설명하는 브로카와 베르니케 영역의 역할은 Understanding의 한 과정으로 중요한 개념입니다.

브로카 영역

영어도 번역을 통해서든 정상적인 이해 경로를 통해서든 바람직한 이해를 위해서는, 음성 인식의 두 번째 단계인 브로카 영역의 인식력이 최우선적으로 해결되어야만 합니다. 다시 말하면, 귀를 통해 인지된 영어의 소리가 두뇌의 재생 파트인 브로카에서 얼마나 정확하게 재현되는가에 따라 그 이해의 정도가 결정된다고 생각하면 됩니다. 마이크로 입력된 소리가 정확해야 스피커에서도 재현이 가능하다고나 할까요? 제 아무리 고성능 스피커도 입력 자체가 부정확하다면 출력 또한 시원치 않은 것과 마찬가지입니다.

브로카 영역의 기능에 대해서는 앞서 잠시 언급한 바가 있었죠. 문자를 읽고 쓸 때, 머릿속에서 나는 소리가 바로 브로카 영역의 작품입니다. 그리고 그 기능은 시각적인 소리, 즉 문자에 국한하는 것이 아니라 귀를 통해 전달되는 신호에도 동일하게 동작합니다. 이 부분은 문자로 표현하는 데 한계가 있으니까, 라디오라든가 TV를 통해 확인하도록 합시다. 한국어든 영어든 관계가 없습니다. 주변에 있는 TOEIC 자료를 이용해도 좋습니다. 하지만 브로카 영역의 역할을 확인하려는 것뿐이니까, 가급적 천천히 재생되는 자료가 바람직하겠죠.

어떤 소리든 여러분의 귀에 들려오기 시작하면, 눈을 살포시 감고 느껴보세요. 자신의 두뇌가 어떤 행위를 하는지, 앞서 문자를 읽으면서 했던 것처럼 감각적으로 인식을 해보자는 얘기입니다. 아마 짧은 시간에 귀에 들려오는 소리를 여러분의 두뇌가 따라 한다는 느낌이 들 겁니다. 물론 처음부터 인지된다면 여러분의 언어 감각이 상당하다는 뜻입니다. 하지만 대체적으로는 네댓 번만에 두뇌의 소리를 인식하게 되니까, 잘 되지 않더라도 당황하지 말고 시도해 보세요.

한 번만 느끼게 되면, 상대적으로 속도가 빠른 말도 동시에 반복하고 있는 두뇌의 상태를 인지할 수 있습니다. 그리고 그 대상이 한국어라면 되뇜과 동시에 의미가 받아들여지겠지만, 긴 문장의 영어는 머릿속의 소리만 재생될 뿐 의미에 도달하지 못하는 현상도 체험할 수 있습니다. 만약에 이런 노력으로도 두뇌의 소리를 느낄 수 없다면, 노래를 듣는 것도 하나의 방법입니다. 노래 가사를 마음속에서 흥얼거리는 자신을 발견하기가 더 쉬우니까 말이죠.

결국, 아날로그 상태로 우리 귀에 들려온 소리들은 약한 전기 신호로 바뀌어서 두뇌에 전달되고, 브로카 영역이 그 전기를 소리로 재생하는 일을 합니다. 전화 통화할 때, 여러분의 목소리가 전기 신호로 바뀌어 전화선을 타고 상대방 전화에 도달해서, 다시 음성으로 바뀌는 것과 똑같은 방식입니다.

《뉴욕 타임스》에 게재되었던, 미국 로체스터 대학 병원의 로버트 D. 프리시나 박사의 주장도 나이가 들면서 청력에 이상이 오는 경우 청각 신호가 전달되는 기능에 이상이 있는지 여부를 확인할 필요가 있다는 것입니다. 귀도 두뇌도 이상이 없지만, 전달 회로 문제로 청력이 훼손될 수 있다는 연구 발표였습니다. 즉 전화선에 문제가 있을 수도 있다는 얘기입니다.

정리하면, 시각이나 청각을 통해 입력되는 정보는 모두 브로카 영역에서 소리로 바뀐다는 말입니다. 그리고 그렇게 재생된 소리가 베르니케라는 영역에 도달해서 의미를 우리에게 전달해 줍니다. 누구나 모국어를 이런 방식을 통해 이해하게 되어 있고, 그 기능으로 인해 언어는 인간의 전유물이 될 수 있었던 겁니다.

결국 세상의 모든 언어는 이런 경로를 통해 입출력이 이루어집니다. 따라서 남성보다는 여성, 음치보다는 노래를 잘하는 사람이나 남의 흉내를 잘 내는 사람들의 언어 성취도가 높을 수밖에 없습니다. 똑같이 번역에 의해서 이해를 한다고 해도, 일차적인 음성 구분력에서 차이가 나기 때문이지요.

자신의 브로카 영역이 영어에 대해 어느 정도 반응력을 지니고 있는지, 한 번쯤 테스트해 보는 것도 현주소를 확인하는 좋은 방법이 될 겁니다. 영어 테이프와 일본어 테이프를 준비하고 들려오는 소리를 즉시 입으로 소리 내어 보는 방식인데요, 약간의 시간차가 있어도 무방합니다. 꼭 일본어가 아니더라도, 독일어나 스페인어 자료도 좋습니다. 왜냐하면 이는 언어 이해력이 아닌, 소리에 대한 이해력만을 테스트하는 것이 목적이니까요.

어차피 의미는 알 수 없는 상태에서 잘 알지도 못하는 언어의 소리를 구현하는 편이 영어의 그것보다 우월한 결과가 나온다면, 이는 무엇을 의미할까요? 특히 일본어의 경우는 뜻은 몰라도, 영어와 비교하면 마치 신들린 것처럼 소리를 구현할 수 있습니다. 그렇다면 그 결과가 무슨 뜻인지 깊이 생각하는, 좋은 기회를 가질 수 있겠죠.

베르니케 영역

베르니케 영역은 130여 년 전에 독일인 카를 베르니케에 의해 발견된 것으로, 언어의 의미 파악과 밀접한 관계가 있습니다. 베르니케 영역은 브로카 영역에서 재생된 소리만을 대상으로 작동하도록 설계되어 있습니다. 즉, 브로카 영역에 이상이 있으면 베르니케 영역은 별로 할 일이 없어진다는 말이죠. 물론 브로카 영역이 충실히 작동해도 베르니케 영역에 문제가 있다면, 역시 의미화는 이루어지지 않겠지만요.

그래서 소위 브로카 실어증, 베르니케 실어증이라고 하는 병명들이 생겨나게 되었는데요, 대다수 한국인의 영어 청취 방식은 이런 정상적인 언어활동과는 아예 다른 방식이 적용되고 있습니다. 마치 언어를 수학적으로 소화한다고 하면, 좀 지나친 말일까요? 들려온 영어의 소리 중에 자신이 아는 단어들을 찾아내어 머릿속에서 하나의 문장으로 나열하고, 그 문장을 아는 문법 지식과 연결시켜 한국어로 바꾸는 것이 우리가 보통 영어를 청취하는 방식입니다.

따라서 영어를 듣는 순간에 우리 두뇌는 매우 바쁘게 움직입니다. 아마 여러분도 한국어를 들을 때와 영어를 들을 때의 차이에 대해서는 충분히 인지하고 있을 겁니다. 이렇게 공식에 숫자를 대입하듯이 영어를 이해해서는, 실시간으로 충실한 대화를 기대하기 어렵습니다. 더욱 걱정스러운 점은, 번역이라는 부적절한 행위를 보다 빠르게 하는 것이 영어를 잘한다는 의미라고 믿는 세태입니다. 분명한 점은 이런 상태가 아무리 활성화된다 해도, 영어를 한국어처럼 들을 기회는 영영 오지 않는다는 것입니다. 그런데도 첫 단추가 잘못 끼워진 채로 오류가 계속되고 있는 것이죠.

평소에 들어보지 못한 브로카나 베르니케에 대한 얘기가 여러분의 관심을 전혀 끌지 못할지도 모릅니다. 어쩌면 나와는 전혀 상관없는 얘기라고 이미 결론을 내렸을지도 모르지요. 하지만 지금까지 적지 않은 지면을 통해 영어에 대한 이런저런 얘기를 해 왔던 것은, 바로 이 부분을 여러분께 알리고자 함이었습니다. 여러분의 소망이 영어를 한국어처럼 하고 싶다는 것 아니었던가요?

소설과 전공 서적

읽는다는 행위는 일반적으로 두 가지 기능이 복합된 것으로 설명됩니다. 소위 스키밍(Skimming)과 스캐닝(Scanning)이라는 기능으로, 쉽게 말하면 대충 뒤적거리는 행위와 차근차근 이해하는 행위의 복합이라는 뜻입니다. 만화나 가벼운 수필을 메모까지 해가면서 읽는 사람은 별로 없습니다. 그저 눈으로 훑어가면서 대강의 의미만을 파악하는 것이 보통인데, 이런 행위를 스키밍이라고 부릅니다.

신문을 보면서도 관심 있는 분야는 차근차근 읽게 되고 그렇지 않은 부분은 눈으로 대충 훑는 차이를 말하는 겁니다. 그 어떤 방식이든 읽는다는 행위는 스키밍과 스캐닝이 복합된 것인데, 관심도에 따라 두 기능의 비율이 달라지고 그 결과로 인지되는 양의 차이가 발생하게 됩니다. 예를 들어 80:20의 비율로 스키밍이 우세한 경우라면, 읽고 나서 그 내용은 거의 기억하기 힘든 정도라고 보아야 할 겁니다.

여기서 우리는 스키밍에 대해 특별한 관심을 기울일 필요가 있습니다. 그저 읽기의 한 부분에 대해 심도 있는 토의를 하자는 것이 아니라, 그 안에 여러분이 찾는 영어 학습의 커다란 비밀이 숨어 있기 때문입니다. 이 부분에 대해 70~80퍼센트 공감할 수 있다면, 앞으로 영어뿐만 아니라 그 어떤 외국어 습득도 두렵지 않으실 겁니다!

사람에 따라 약간의 차이는 있지만, 대체로 소설을 읽는 방식은 대동소이하지 않을까요? 특히 전문서적을 읽을 때와는 커다란 차이를 보입니다. 이해를 돕기 위해 짧게 소설의 한 부분을 인용하겠습니다.

> 소년이 고삐를 바투 잡아 쥐고 등을 긁어 주는 체 훌쩍 올라탔다. 송아지가 껑충거리며 돌아간다. 소녀의 흰 얼굴이, 분홍 스웨터가, 남색 스커트가, 안고 있는 꽃과 함께 범벅이 된다. 모두가 하나의 큰 꽃묶음 같다. 어지럽다. 그러나, 내리지 않으리라. 자랑스러웠다. 이것만은 소녀가 흉내 내지 못할, 자기 혼자만이 할 수 있는 일인 것이다.
>
> "너희, 예서 뭣들 하느냐?"
>
> 농부(農夫) 하나가 억새풀 사이로 올라왔다. 송아지 등에서 뛰어내렸다. 어린 송아지를 타서 허리가 상하면 어쩌느냐고 꾸지람을 들을 것만 같다. 그런데, 나룻이 긴 농부는 소녀 편을 한 번 흘어보고는 그저 송아지 고삐를 풀어내면서, "어서들 집으로 가거라. 소나기가 올라."

황순원 님의 소설 「소나기」의 일부분입니다. 이 글을 여러분은 어떤 방식으로 읽었을까요. 우선 첫째 단락을 읽을 땐, 쉼표에 충실했다는 느낌이 있었겠지요. 그리고 "너희, 예서 뭣들 하느냐?" 대목에선, 마음속의 소리가 누군가를 야단치는 듯한 억양을 가졌을 것입니다. 그리고 같은 농부의 말이지만 마지만 단락의 "어서들 집으로 가거라. 소나기가 올라"라는 대목에선, 마음속의 소리도 정감 어린 목소리가 되고 말았습니다.

다시 한 번 천천히 읽으면서, 여러분 머릿속 소리를 음미해 보세요. 이것이 바로 읽는다는 행위의 중심축입니다. 즉 글쓴이의 감정을 내 머릿속의 소리가 그대로 재연하고, 그로 인해 작가가 의도한 감흥을 느낄 수 있는 것이죠. 만일 소설을 읽으면서 아래의 글을 읽을 때와 동일한 방법으로 읽는다면, 작가의 의도는 사라지고, 어떤 상황에 대한 인식만이 남게 될 겁니다. 다음의 인용문은 우리 한글 맞춤법의 '총칙' 중 일부분입니다.

어법(語法)이란 언어 조직의 법칙, 또는 언어 운용의 법칙이라고 풀이된다. 어법에 맞도록 한다는 것은, 결국 뜻을 파악하기 쉽도록 하기 위하여 각 형태소의 본 모양을 밝히어 적는다는 말이다. 형태소는 단어의 기초 단위가 되는 요소인 실질 형태소(實質形態素)와 접사(接辭)나 어미, 조사처럼 실질 형태소에 결합하여 보조적 의미를 덧붙이거나 문법적 관계를 표시하는 요소인 형식 형태소(形式形態素)로 나뉜다.

위에서 인용한 두 종류의 글은 전달하고자 하는 내용 자체가 다르므로, 우리 스스로도 읽는 방법을 달리하고 있는 겁니다. 똑같은 쉼표로 구분된 문장이지만 "흰 얼굴이, 분홍 스웨터가, 남색 스커트가"와 "접사, 어미, 조사"는 리듬감뿐만 아니라 읽는 속도마저 달라진다는 말이지요.

만일 소설을 의료나 법률 같은 전문지식과 관련된 글처럼 읽는다고 가정해 보세요. 지식을 전달하는 글을 읽듯이 소설을 읽어 보면, 전달되는 감흥이 전혀 없다는 걸 스스로 알 수 있을 겁니다. 마찬가지로 전문적인 글을 소설처럼 읽는 것도 정말 우스꽝스러울 뿐만 아니라 그 내용 역시 제대로 전달되기 어렵습니다. 우리가 흔히 억양이라고 하는 부분이 이해와 직결되어 있음을 증명하는 작은 사례지요. 사실 이 부분이 소설가가 지닌 또 다른 능력입니다. 소설의 내용도 중요하지만, 읽는 사람이 작가의 의도대로 읽을 수 있도록 음운적 부분에도 세심한 배려를 한답니다.

소위 리듬이라고도 하고 인토네이션이라고도 하는 이 기능은 사람마다 각양각색이므로, 책 한 권을 읽는 데에도 그 결과는 크게 달라집니다. 평소에 책을 많이 읽은 사람과 그렇지 않은 사람의 차이가 있을 수밖에 없는 것과 마찬가지인데, 짧은 시간과 작은 노력으로 읽는 방식을 쉽게 바꿀 수 있습니다.

자, 그럼 이 부분을 영어에 대입해 볼까요. 여러분이 영문 소설을 읽는 방식과 전공서적을 읽는 방식에 차이가 있는지 살펴보라는 말입니다. 불행히도 우리 대부분은 문자를 통해 영어를 인식하는 '영어 공부'에 치우쳐서—감흥이나 감동은 기대할 수 없는—단순한 지식 전달의 방식으로 영어를 읽고 써왔습니다. 번역을 해야 하므로, 소설이나 시, 전문서적 모두를 동일한 방법으로 읽는 수밖엔 없었던 것입니다.

다음의 글은 캐나다의 12세 어린이가 쓴 글인데요, 감정 없이 읽는 경우와 리듬감을 타서 읽는 경우 두 가지로 테스트를 해보겠습니다.

Swan Lake was the most interesting ballet I have ever seen.

The story starts while the Prince is about to have his 21st birthday. The Queen is the Prince's mother. His mother gave him a beautiful bow and arrows.

Swan Lake was – the most interesting ballet – I have ever seen.
The story starts – while the Prince is – about to have his 21st birthday.
The Queen is – the Prince's mother. His mother – gave him – a beautiful bow and arrows.

어떻습니까! 인토네이션의 중요성에 대해 느낄 수 있었을 겁니다. 후자는 전자와 달리, 대학생 정도라면 그냥 읽는 상태로 의미 파악이 가능하다는 것이 스스로에게 증명되지 않던가요!

Keyword 7

소리 학습의 가치

기러기 가족이 양산되는 현실에 대한 우려가 어제 오늘의 일이 아니건만, 지금 이 시간에도 어린 학생들의 연수 행렬은 꾸준히 늘어가고 있습니다. 그래도 예전과는 달리 대부분 단기 연수를 목적으로 하고 있다니, 불행 중 다행이라고 할 수 있지요.

한국의 엄마들이 그 결과도 불분명할 뿐만 아니라 가정의 평화가 깨질 수도 있는 위험부담에도 불구하고, 다만 일 년이라도 아이들을 캐나다 등지에서 교육하고자 하는 데에는 분명한 이유가 있습니다. 그 짧은 시간에 영어의 유창성을 정착시키려는 목적보다는, 영어의 소리에 대한 인식력을 배양하기 위해서입니다.

결국 브로카 영역에 영어를 접목시키는 것을 목적으로 하고 있다는 말이지요. 어지간한 교육 전문가 수준의 엄마들은 그 시기도 만 12세 전후가 가장 적합하다는 것은 물론 그렇게 정착된 소리의 개념은 나이를 먹어서도 훼손되지 않는다는 사실까지 알고 있더군요. 그런 어머니들에 비하면, 오히려 대학생들이 맨땅에 헤딩하는 것 아닌가~ 하는 생각이 들 만큼 우직스런 영어를 고집하고 있는 건 아닌지 궁금하네요.

어머니들의 이런 판단은 영어라곤 한마디도 못 알아듣던 열 살짜리 숙현이가 1년 만에 영어를 편하게 알아듣는 모습과 우리말을 어른 뺨치게 한다는 말을 듣던 일곱 살 호석이가 캐나다에 온 지 2년 만에 한국어를 잃고 영어로만 의사소통이 가능하게 된 상황에 기인합니다. 물론 아이들의 연령적 특성과 연계되는 현상이지만, 영어를 모국어처럼 듣고 말하는 방법이 존재한다는 분명한 증거를 눈으로 확인한 결과이지요.

더욱이 숙현이나 호석이가 어른들보다 문법이나 단어 능력에서 비교되지 않을 만큼 열악한 상태에서 영어 학습을 시작했다는 사실이 너도나도 캐나다행 비행기를 타게 만든 요인입니다. 비록 언어 학습 능력이 나이에 따라 성취도에 큰 차이가 있기는 하지만, 소년들은 거의 백지 상태에서 시작해서 1년 반 안쪽에 성과를 얻는다는 점에서 그 가치를 인정한 것이죠.

그렇다면 왜 아이들은 어른보다 빠른 언어 학습이 가능할까요? 성인의 영어 학습과 아이들의 학습 사이에 존재하는 차이를 발견할 수만 있다면, 영어는 이미 남의 나라말이 아니겠지요? 간단히 말해, 두 집단의 차이는 L.A.D.의 활성상태에 있습니다. L.A.D.는 Language Acquisition Device의 약자로 언어 습득 장치를 말하는데요, 외국어의 음향적 특성을 브로카 영역에 인식시키는 능력은 12세를 지나면서 점차 감소하기 시작합니다.

「창세기」 11장에 나타난 바벨탑 사건으로 인해, 인간의 상호 소통 능력이 제한된 것이지요.

『성경』에는 인간의 언어가 하나였다고 적혀 있습니다. 길이가 약 400킬로미터인 대한민국 안에서도 깊은 산골이나 외딴 섬에 가면 한국어가 잘 통하지 않는 경험을 하게 됩니다. 제주 토박이말이 가장 대표적인 예이기도 한데요, 한국은 유난히 산과 강이 많아서 같은 지역의 말이라도 그 차이가 많이 납니다. 그런데 당시에는 수천수만 킬로미터를 떨어져 있던 사람들이 오랜만에 다시 만나도 의사소통에 문제가 없더라는 것이죠. 그래서 감히 하느님에게 대항할 모의를 하게 되었고, 그 결과로 조물주가 인간의 언어를 갈라놓았다고 기록되어 있습니다. 이 대목을 언어학적으로 설명해볼까요? 인간을 지극히 사랑하는 창조주가 인간들의 담합에 분노하여 서로 말이 잘 통하지 않게 하려 했습니다. 그러나 그리하면 새로 태어나는 아이들도 말을 익히지 못하기 때문에, 12살까지는 쉽게 말을 배우지만 그 이후에는 다른 언어를 이해하기 어렵게 만든 겁니다. 쉽게 말하면 언어 습득의 역할을 하는 L.A.D. 상자의 뚜껑이 12살이 되면 서서히 닫히도록 하고, 상자가 닫히는 순간부터 인간 언어의 소리를 인식하고 구현하는 데 불편을 느끼도록 한 것입니다. 이런 이유로 미국에 이민 간 8살 동생과 15살 오빠의 영어 능력은 큰 차이를 보입니다. 영어를 못 하는 사람의 귀에는 비슷하게 들릴 수도 있지만, 중학교 이후에 이민이나 유학을 간 사람들은 사실 말 못 할 아픔을 안고 삽니다. 따라서 **성인이 소통적인 외국어를 익히려면 L.A.D.의 뚜껑을 살짝 열어야만 하며, 이것이 바로 Awaken! 강의의 바탕이기도 합니다.**

아무튼 L.A.D.의 역할을 제외하면, 영어에 대한 청소년의 제반 지식은 성인의 그것보다 훨씬 열악한 상태입니다. 문법도 단어도 취약한 아이들이 짧은 시간에 성인보다 쉽게 영어를 익히는 이유는 L.A.D.로 충분히 설명됩니다.

그리고 당연한 말이지만, 소리를 모르고 외국어를 습득하려는 생각 자체가 어불성설이죠. 영어로 소설을 쓰겠다는 사람이 A, B, C, D 글자를 모르면서 과욕을 부리는 것과 같은 이치입니다. 알파벳은 '자소'—글자의 가장 작은 단위—라고 하고 소리의 최소 단위는 '음소'라고 부르는데, 음소에 대한 어느 정도의 소양 없이는 영어 습득은 공염불에 불과하다고 단언할 수 있습니다. 따라서 성인도 영어 소리에 대한 인식력을 높이는 것만으로도, 전반적인 영어 능력을 크게 향상시킬 수 있습니다.

모음의 차이

이렇듯 중요한 소리에 대한 인식력뿐 아니라 발음까지도 짧은 시간에 향상시킬 수 있는 방법을 소개하겠습니다. 이미 오래전에 개발된 이 방법은 그동안 수험적 영어능력만이 강조되던 세태에서 제 가슴에 묻혀 있을 수밖에 없었지요. 하지만 실용 영어가 강조되는 지금이라면 온 국민이 유익하게 활용할 수 있다고 생각됩니다. 연령에 관계없이 누구나 기대한 바에 도달할 수 있는 효과적 방법이기도 하지만, 특히 초중등 학생들이라면 불과 반년 만에 원숙한 영어 발음을 구사하게 함으로써 해외 연수의 필요성까지 불식시킬 수 있는 길이기도 합니다.

저는 강의에서 제주도 출신 학생들에게 상대적으로 모질게(?) 대하는 습관이 있었습니다. 딱히 그들을 홀대한다는 뜻이 아닙니다. 오히려 타 지방 출신에 비해 훨씬 쉽게 영어 습득이 가능하므로, 보다 충실하게 영어를 익혀서 보람 있는 교사로 성장하라는 바람이 있었기 때문이죠.

제주도 분들의 언어 능력은 비단 외국어에만 국한되는 것이 아닙니다. 우리말 경우에도 각 지방 언어를 매우 쉽게 구사하는 능력을 지니고 있습니다. 여러분의 주변에서도 말투만으로 제주 출신을 구분하는 일이 쉽지 않은 것도 그들이 소리 모방과 구현에 탁월한 능력을 가지고 있다는 반증입니다.

그렇다면 왜 제주 출신의 언어 능력이 타 지방에 비해 우수할까요? 바로 모음의 다양성에 그 원인이 있습니다. 즉, 제주도 출신이라서가 아니라 표준어보다 많은 모음을 사용하는 제주 방언에 익숙하기 때문이라는 말이죠. 다른 말로 하면 **누구나 모음의 다양성을 구현할 수 있다면, 어떤 외국어도 두려워할 필요가 없다는 뜻**이기도 합니다.

반면에 '어'와 '으'의 구분이 모호한 영남 방언이나 '의'와 같은 복합모음 구현에 어려움을 겪는 호남 방언은 표준어에 비해 모음의 숫자가 적다고 할 수 있습니다. 하지만 제주의 경우는 아예 'ᄒᆞᆫ글', 'ᄉᆞ나이', 'ᄒᆞᆫ저옵서예' 등으로 표기하기까지 하고 있지요. 'ᄒᆞᆫ글(한글)'은 표준어의 '혼글'에 가깝게 발음하고 사내아이라는 뜻의 'ᄉᆞ나이'도 '소나이'처럼 발음합니다. 많이 들어서 잘 아시는 'ᄒᆞᆫ저옵서예'는 '어서 오세요'라는 의미로, 역시 '혼서옵서예'로 소리 내고 있습니다. 제주 분들의 표현은 '아래 아(ㆍ)' 표기는 표준말의 'ㅗ'와 'ㅏ'의 중간 발음인데, 육지에서 오는 분들은 모두 'ㅏ'로만 소리 낸다고 하더군요.

물론 세월이 지나면서, 제주의 '아래 아'도 점차 단순화되어 'ㅗ'로 고착되어 가고 있습니다. 소리가 다르기에 그 차이를 별도로 표기하던 것인데, 소리가 단순화되면서 제한된 음성 표기의 범주 안에서 표현이 가능해진다고 할 수 있지요. 시각에 따라 표준어 체계에 방언이 적응한다고 말할 수도 있겠지만, 지금껏 보존되어 오던 언어적 문화유산의 유실이라고 할 수 있겠습니다.

그러나 이런 복합적인 모음은 제주에만 있는 것은 아닙니다. 어머니를 '오마니'라고 발음하는 평안도, 황해도 방언도 존재합니다. "어디로 갔나, 어디로 가~"라는 노랫말을 "오데로 갔나, 오데로 가~"로 발음하던 북한의 합창단을 지금도 많은 분들이 기억하고 있을 겁니다. 본래 둔탁한 'ㅏ' 소리의 '아래 아'를 제주에서는 표기까지 하고 있지만, 사실 그 소리는 휴전선 이북은 물론 각 지역의 조선족 언어에도 지금껏 이어져 왔습니다.

조선왕조도 지금의 서울로 천도하기 전까지 개성에 수도가 있었다는 점에서, 훈민정음에 '아래 아'의 개념이 첨가된 것은 당연한 일이었습니다. 황해도 방언이 갖는 모음의 특성이 그대로 반영되었다고 보아야 한다는 말이죠. 훈민정음 창제 당시의 언어 상황은 황해도 말이 표준어였으니까요.

연수 면허

AWAKEN! ENGLISH 10

여러분은 영어 연수를 계획하면서 영어 면허 취득에 대해 생각해 본 적이 있나요? 뭐, 거창하게 생각할 필요는 없습니다. 그저 자동차 연수를 하려는 사람은 당연히 면허부터 취득해야 하듯이 영어 연수를 목적한다면 일정한 자격을 갖추어야 한다는 말입니다. 운전면허도 없는 사람이 고속도로 연수부터 한다면, 웃음거리가 될 테니까요.

이것이 해외 연수를 계획하는 많은 사람들이 간과하는 부분입니다. **그저 캐나다나 미국에 가면 영어가 저절로 될 것이라는 착각**에서 벗어나지 못하는 현상이지요. 계획대로 되지 않으면 체류 기간을 조금 더 연장해서 해결할 수 있다고 믿는 사람들도 많지만, 불행히도 결과가 그렇게 좋은 편은 아닙니다.

준비되지 않은 연수는 결과를 얻을 수 없다는 사실이 이미 널리 알려졌음에도, 대부분 "나는 다르다"고 생각하며 비행기에 몸을 싣는 것이 보통이지요. 요즘 젊은이들이야 그 정도로 무모하지는 않겠지만, 수험 영어에 길들여진 상태에서 영어 면허를 따기란 그다지 쉽지만은 않습니다.

연수에서 원동기 면허라고 할 만한 기능은, **번역하지 않고 영어를 이해하는 능력**을 말합니다. 그것도 TOEIC Part 1 정도의 쉬운 문장을 우리말 수준으로 이해하면 되는 거죠. 아마 여러분은 그 정도 간단한 능력은 이미 갖추고 있다고 생각하겠지만, 지금껏 문자에 의존해서 영어를 익혀 온 분들에겐 만만치 않은 대상입니다.

그럼 영어 면허에 준하는 능력을 갖추었는지, 함께 테스트를 해 볼까요? 가지고 있는 모의 TOEIC의 Part 1 CD를 준비하고, 첫 번째 네 개의 지문을 들어보세요. 대학생쯤 되면 대부분 알아들을 수 있는 쉬운 말임에 틀림없습니다. 지문을 다 듣고, 고개를 좌우로 두 번 움직인 후에, 손뼉을 세 번 치고, 손가락으로 허공에 집 전화번호를 써 보세요.

자~, 그럼 아까 들은 문장 중에 세 번째 것을 기억할 수 있습니까? 잘 생각이 나지 않는다면 두 번째 것은 어떨까요. 이런 우스꽝스런 행위를 한 후에도 네 개의 문장을 영어로 말할 수 있다면, 해외 연수를 떠날 기본기는 갖추었다고 보아도 좋습니다.

이 테스트는 영어를 이해하는 과정을 간단하게 확인하는 것으로서, **번역에 의존하는 경우와 자연스런 이해의 차이**를 나타냅니다. 아마 한국어로 그 정도의 짧은 말을 들었다면, 별도의 노력이 없이도 몇 시간 혹은 하루나 이틀 후에도 그 내용을 전달할 수 있겠지요. 하지만 번역이라는 좋지 않은 습관을 통해 영어를 이해하는 경우에는 그 짧은 문장들을 불과 10초

후에도 제대로 기억조차 할 수 없습니다.

물론 개개인의 영어 능력에 따라 차이는 있지만, 심한 경우 단 하나의 문장도 바르게 구현하지 못합니다. 듣는 순간엔 알았다고 생각했는데, 다시 말하려니 머릿속이 하~얗게 변하는 듯하다고 말하는 사람이 많습니다. 바로 이 부분이 소위 영어를 말하는 발화 능력과 밀접한 관계가 있습니다. **영어를 머릿속에서 제작해서 입 밖으로 내보는 것이 아니라 생각나는 대로 말하는 능력이 필요**한데, 이 기능은 올바른 이해를 통해서만 가능하기 때문입니다.

지금까지 "영어를 듣는다"는 개념이 듣는 순간 어떤 방식으로든 답을 추출해내는 능력으로만 생각되면서, 사실 귀로 입력된 문장들이 자연스럽게 기억되고 구두 혹은 서면으로 편안하게 재생되는 언어적 능력은 아예 무시되어 왔던 거죠. 단순히 시험이니까 모로 가도 서울만 가면 된다는 식으로, 답을 찍는 기능에만 치중했던 겁니다.

따라서 시험 점수는 높지만 제대로 듣고 말하지 못하는 사람이 양산될 수밖에 없었고, 그러니 TOEIC의 평가 능력은 쓸모없다고 깎아내리는 현실까지 오게 된 거죠. 어떤 책을 평가하면서, 내용보다는 제본이나 표지 등의 외적 요소에 치중하는 경우와 비슷하지 않나 우려되는 부분입니다. 그 어떤 이유로든, 방금 전에 들은 말을 제대로 구현하지 못한다는 점에서, 소통적 영어 능력과 수험적 영어 능력의 커다란 차이는 충분히 알게 되었을 겁니다.

결론적으로 해외 연수에서 빛나는 결과를 얻고 귀국하려면, 출발 전에 다음과 같은 능력을 갖추어야 합니다.

1. TOEIC Part 1의 네 개의 지문을 듣고, 우리말로 기억할 수 있다.

2. TOEIC Part 1의 네 개의 지문을 듣고, 영어로 구현할 수 있다.

3. TOEIC Part 1의 네 개의 지문을 듣고, 한국어로 전체 상황을 설명할 수 있다.

4. TOEIC Part 1의 네 개의 지문을 듣고, 영어 한 문장으로 상황을 설명할 수 있다.

1에서 4까지의 단계 중, 여러분은 어떤 상태에서 비행기에 오르고 싶습니까? 어떤 단계에 이른 사람이 연수에 성공할는지, 그 결과는 누구나 분명히 알 수 있을 겁니다. 모두들 네 번째 능력을 갖고 싶기는 하지만, 걱정이 앞서기도 합니다. 지금까지 노력을 많이 했지만 두 번째 능력조차 얻지를 못했기 때문에, 오히려 더 겁을 내게 되는지도 모르죠. 하지만 세상의 모든 일이 그렇듯이 이해가 되면 그만한 능력을 갖출 방법을 찾게 됩니다. TOEIC Part 1이 요구하는 능력이 무엇일까요? 그림 하나를 주고 네 개의 지문이 나오는 문제들은 영어를 통한 염상 능력이 있느냐를 묻는 것입니다. 우리말로 "아이들이 수영을 해"라는 말을 들으면 머릿속에 뿌연 이미지가 떠오르는 것처럼, 네 개의 문장을 들으며 주어진 그림과 비슷한 염상을 고르라는 주문이지요. 영어를 우리말 듣는 방식처럼 소화하는 1단계는 한 달이면 누구나 성취합니다. 이미 모국어를 통해 그런 기능을 가지고 있으니까요. 두 번째 단계는 이미지로 기억된 말을 영어로 구현하는 능력을 말하는데, 이 역시도 모국어 능력과 동일한 내용입니다. "아기가 컵을 들고 아장아장 걷고 있어"라는 말을 듣거나 보는 순간의 이미지는 같은 말을 할 때도 나타납니다. 여러분이 방금 읽은 문장을 고개를 들고 말로 해보세요. 역시 같은 그림이 나타나야만 말을 할 수 있습니다. 즉,

낮은 단계의 언어 구사는 머릿속의 그림을 소리로 바꾸는 과정입니다. 어제 있었던 일을 소리 내어 말해 보세요. 머릿속에 그 상황이 떠올라야 말을 할 수 있다는 사실을 느낄 수 있다면, **단어와 문법을 버무리는 방법이 아니라 이미지를 말로 바꾸는 훈련이 필요하다**는 것을 알 수 있습니다. 이 단계도 사람에 따라 약간의 차이가 있지만 두 달 정도면 습득할 수 있는 기능입니다. 이 역시도 이미 모국어에서 갖추고 있으니까요. 세 번째 기능은 가급적 E.T.S.에서 만든 자료로 훈련하면 좋습니다. E.T.S.에서 내놓은 자료들은 모든 상황이 연결되도록 구성되어 있습니다. 단순히 영어교사 몇 명이 만드는 것이 아니라 언어학자와 심리학자까지 동원된 결과물이라서 단어만 살짝 바꿔서 배포되는 XX토익, OO토익들과는 차원이 좀 다르지요. 영어로 들려 온 네 가지 상황을 연결하는 능력도 우리는 이미 가지고 있습니다. 그 예로 "사람들이 줄을 길게 서 있다", "팝콘과 음료를 들고 앉아 있다", "남녀가 포스터를 보고 있다"는 세 마디를 들었다고 해 봅시다. 어떤가요? 바로 영화관이 연상되지요? 이번엔 영어의 예로 그 기능을 확인해 보지요. "A woman is sitting on the bed", "A man is taking a shower", "They are getting on the airplane." 어떤 상황이 보입니까? 신혼여행을 즐기는 상황이 떠오른다면 성공이지만, 단순 번역을 통해서는 쉽게 연결되지 않습니다. 하지만 하루 한 시간의 훈련이라면 첫 번째부터 세 번째 단계의 기능을 얻는 데 석 달이면 충분합니다. 마지막 네 번째 단계는 이 책의 파트 1에서 설명한 어법을 적용하는 단계입니다. 앞서의 기능을 하나로 취합하는 과정이어서 3단계까지 훈련된 학습자는 한 달이면 성취하는 기능입니다. 즉 생각나는 대로 영어를 말하는 상태에 이르게 되는데, 그 이후는 유창성 확보를 위한 Practice를 위해 서너 달을 예정으로 비행기를 타야 하겠죠. 연수를 다녀온 사람들은 입을 모아 "안 간 것보다는 낫다"고 말하지만, 이 네 단계 정도의 수준에 도달하고 온 사람은 없다고 단언할 수 있습니다. 왜냐고요? E.S.L. (방언 프로그램) 로는 해결될 수 없기 때문입니다.

영어는 몇 살이유~?

“다 같이 적당히 내려가기” 평준화 교육 덕택에 우리는 속 시원한 것을 좋아합니다. 배운 것을 간단하게 정리해 주는 편을 선호하다 못해, 아예 정리된 것만 배우기를 행운으로 생각하지요. 따라서 지름길이 아니면 가지를 않고, 군자가 간다는 대도는 지루해서 쳐다보지도 않습니다.

영어를 습득하기 위해서도 쓰고, 읽고, 듣고, 말하고를 한 방에 해소할 수 있는 방법만 찾다 보니, 기나긴 세월을 지름길 찾기에 허송하고 말았습니다. 바른길을 외면하고 Short Cut을 찾아 헤매다 보니, 어느새 이도저도 아닌 채로 오도 가도 못하는 신세가 된 것은 아닌지 모르겠습니다.

지금이라도 어정쩡한 영어에서 벗어나고 싶다면, 자신이 구사하는 영어가 원어민 어린 아이와 견주어 몇 살 수준인가를 가늠해 보세요. 개인차는 있겠지만, 스스로 여섯 살이 안 된다고 생각하는 사람은 읽고 쓰기는 잠시 보류하는 편이 좋습니다. 듣고 말하기가 여섯 살 수준은 된 후에 해야 할 일을 너무 일찍 시작했다는 자각이 필요하다는 말이죠.

하지만 너무 실망만 할 일은 아닙니다. 독자들 중에 어느 누구도 여섯 살짜리보다 어휘나 문법이 부족한 사람은 없을 테니까요. 단어나 문법은 많이 알고 있지만 말이 안 된다면, 우선 아는 단어들이 활용되도록 하는 훈련이 우선되어야 합니다. 따라서 단어학습은 당분간 소홀해도 되겠지요. 아는 단어조차 활용하지 못하는 상태에서, 반복적인 암기는 소통적 언어에 전혀 도움이 되지 않습니다. 일단 목표를 낮추어 여섯 살의 듣고 말하는 능력을 갖게 되면, 눈앞에 펼쳐지는 언어의 정도를 경험하게 될 것입니다.

AWAKEN! ENGLISH 번역의

11 한계

세상의 어떤 언어도 일정한 규칙이 전제되지 않는다면, 이미 언어로서의 가치는 상실되기 마련입니다. 사람마다 제각기 편한 대로 말한다면, 그게 바로 혼돈이고 혼란입니다. 이렇듯 언어는 규칙적이어야 하지만, 언어의 구성에는 이런저런 불규칙이 존재하는 것도 사실입니다. 물론 이 불규칙들도 그 안에 또 다른 규칙을 포함하고 있지만, 역시 불규칙이라는 점은 변하지 않는 사실이지요.

사실 우리가 영어를 불편하게 느끼는 이유가 여기에 있습니다. 문법책을 통해 모든 규칙을 암기하고 단어를 대입해 사용하기에는 영어가 너무 자유분방하다고 느끼는 거지요. 영어뿐만 아니라 각각의 언어들이 본래의 규칙만 유지되고 인간의 감정이라는 요소가 배제된다면, 요즘 시판되는 번역용 소프트웨어 덕분에 영어 학습은 그 필요성마저 없어지고 말 겁니다.

번역기는 인간보다 정확하고 방대한 문법과 단어를 탑재하고 있지만, 그 오역의 정도가 너무 심해서 두 번 이상 사용하기 어렵다고 하더군요. 이해를 돕기 위해, 워싱턴 주립대 웹페이지 중 Common Errors in English에 대한 내용을 번역기를 이용해서 한글로 옮겨 보겠습니다. 제목과 내용 일부를 한국어 번역판으로 먼저 읽어 보고, 아래의 영어와 비교해 보기 바랍니다.

영어 오류가 무엇입니까?

언어 오류의 개념은 솜털 하나입니다. 나는 언어학 기술적 정의에 남겨 둘 것이다. 여기에서 우리는 같은 전문 작가, 편집자, 교사, 읽고 임원 및 인사 담당자 등의 고급 사용자가 판단로서의 영어의 표준 사용의 편차와 관련입니다.

What is an error in English?

The concept of language errors is a fuzzy one. I'll leave to linguists the technical definitions. Here we're concerned only with deviations from the standard use of English as judged by sophisticated users such as professional writers, editors, teachers, and literate executives and personnel officers.

영어 원문이 없이 한글 번역본만 읽는다면 아마 그 의미를 50퍼센트도 바르게 전달받기 어렵겠죠. 영어의 거의 모든 단어와 문법 규칙을 갖춘 번역기의 능력이 이 정도니까, 문법과 단어를 열심히 암기해서 충실히 번역함으로써 영어를 정복하겠다는 발상은 지극히 위험했던 것입니다.

다시 강조하지만, 번역기를 통해 얻게 되는 역설적인 교훈은 불규칙이 포함된 **영어의 모든 규칙을 숙지하고 사전을 통째로 외운다고 해도, 적절한 영어를 구사할 수는 없다**는 사실입니다. 번역기가 아직 개발 단계이므로 머지않은 장래에 말까지 인식하고 구현하는 기계가 발명되리라고 기대하는 사람들도 있는 모양입니다만, 현재로서는 그 가능성이 너무 낮아 보이지 않나요?

예를 들어, 귀여운 아이의 볼을 살짝 꼬집으며 "에구~, 우리 못난이~"라고 하는 할머니의 말을 최고의 번역기는 어떻게 표현할까요? 또한 공원 벤치에서 자주 일어나는 상황도 마찬가지죠. 남자친구의 가슴을 두 주먹으로 토닥토닥 두들기며 콧소리로 외치는 "미워, 미워, 미워"를 번역 프로그램이 어떻게 전달할지 궁금하기만 하답니다.

그동안 영어를 이해하는 방법은 '번역이나 해석'이라고 못 박아 온 교육 방식의 폐해는 엄청납니다. 그 때문에 **"번역 혹은 해석하지 않고 영어를 듣고 말한다"**는 말 자체를 이해할 수조차 없는 사람들이 대부분입니다. 오히려 "번역 없이 어떻게…"라며 반문하는 경우가 많은데, 이번 기회에 번역에 대한 생각 자체가 바뀌면 좋겠습니다.

패러독스
언어 연수

동상이몽이라는 말이 기억납니다. 같은 비행기를 타고 태평양을 건너면서도, 신규 이민자는 언어 극복이라는 문제로 고민하는데 옆자리의 연수생은 북미에 가기만 하면 영어가 절로 될 것이라는 희망에 부풀어 있습니다.

준비되지 않은 사람이라면, 연수를 목적으로 어제 캐나다에 도착했다고 해도 내일 한국행 비행기를 타는 편이 가장 바람직합니다. 이미 학원비와 체류비용을 지불했기에 돌아가기 어렵다면, 적당히 환불받아 들로 산으로 캐나다의 풍물과 자연을 만끽하세요. 더욱이 6개월 정도의 짧은 기간을 예정하고 왔다면, 캐나다뿐만 아니라 미국과 유럽을 무전여행으로 한 바퀴 돌고 가는 것으로 항로를 변경하라고 권하고 싶습니다.

젊어서 세상을 둘러보는 것만도 매우 큰 결실인데, 괜한 실망과 자괴를 자초하는 연수는 포기하는 편이 좋습니다. 물론 통역 대학원 재학 중에 연수를 왔다거나 비록 어눌하더라도 듣고 말할 때 문자를 머리에 나열해서 번역한다는 느낌이 전혀 없이 언어로 소화하는 사람들은 예외이지만, 대개의 단기 연수는 보람찬 결과를 기대하기 어렵습니다.

교민사회가 언어 연수자에게 보내는 눈길이 따뜻하지 못한 이유도 예전처럼 공부는 뒤로 하고 흥청거리는 부류가 많아서가 아니라, 연수 결과에 대해 너무도 잘 알고 있기 때문입니다. 몇 년씩 현지에 살아도 힘겨운 것을 몇 달에 하겠다고 싱글벙글하는 모습을 바라보기가 안쓰럽기도 하거니와, 연수란 돈과 젊음의 낭비라는 인식이 넓게 확산되어 있는 탓이지요. 이는 유학생들 사회에서도 1년 미만의 연수자가 환영받지 못하는 현실이 뒷받침하고 있습니다.

그래도 "나는 할 수 있다"든지 "꼭 해야만 한다"는 사람들은 거리로 나서세요. 캐나다에서 가장 꼴불견인 것 중에 하나가 영어회화 테이프를 듣는 연수자의 모습입니다. 이어폰만 떼면 영어가 넘쳐 나는 곳에서, 왜 한국과 동일한 학습방법을 고수하고 있는지 모를 일입니다.

제품에 대한 관심이 꼭 구매와 연결되라는 법은 없습니다. 자신을 돈 많은 재벌 2세 정도로 잠시 착각하고, 매일 백화점을 향해 나서도 좋습니다. 언젠가는 구입할 것 같은 물건에 대해 꼼꼼하게 알아보도록 하세요. 먹고 자는 일 외에 모든 시간을 영어로 듣고 말할 수 있는 기회가 널려 있지 않습니까!?

또한 목적한 영어를 하겠다고 외국인 교회나 성당에 나가는 행위를 중지하고, 가슴 깊이 스며드는 외로움을 퇴치하기 위해서라도 기회가 되는 대로 한국말을 열심히 사용하세요. 애써 익힌 영어가 사라질까 두려워 모국어 사용과 동포를 기피하는 것은 말도 되지 않는 착각입니다. 몇 달 만에 그렇게 해서 익힌 영어라면, 한국에 돌아가서 비슷한 기간 내에 다시 사라진다는 말과 다를 바가 없으니까요.

더욱이 아주 가끔, 외국인과의 동거가 영어능력 향상에 매우 효과적일 것이라는 생각을 하는 연수자를 보게 되는데, 일견 지극히 합리적인 생각처럼 보입니다. 그러나 이런 결심을 실행에 옮기기 전에, 한 가지는 확인해 보아야 하겠습니다. 서로 지극히 사랑해서 국제결혼을 하고 캐나다에서 약 2년 정도 생활한 언니나 오빠들이 어느 정도의 언어 구사력을 가지고 있는지 살펴본 후에 실행에 옮겨도 늦지 않다는 말입니다.

그분들이 자신이 원하는 만큼의 영어를 가졌다면, 사랑이나 도덕, 정신적 후유증 같은 따분한 얘기는 잠시 접어 두고 당장 동거를 시작해야 하겠지요. 그리고 그렇게 단기간에 외국어 습득이 가능하다면, 굳이 영어 하나만 고집할 이유도 없을 겁니다. 유럽으로 건너가 독일인과 1년, 프랑스인과 1년, 이런 식으로 짧은 시간에 대여섯 언어를 확보하면 더욱 좋지 않을까요?

늘지 않는 영어에 엄청난 스트레스를 받는 것이 바로 언어 연수입니다. 그렇다고 많은 비용과 젊음을 낭비할 수는 없으니, 다음의 두 가지 방법을 연수와 병행하는 것도 좋습니다.

첫째, 일본인과 자주 대화하라.

일본인들과 대화를 하게 되면 자연스런 우월감을 맛보게 되므로, 영어를 사용할 때에 발생하는 좌뇌 편중에서 많이 탈피할 수 있습니다. 이는 영어 원어민을 대할 때도 마찬가지입니다. 당신이 만일 캐나다인을 머슴처럼 생각하고 행동하는 편이라면, 다른 사람에 비해 영어향상에 두드러진 결과를 얻을 것입니다. 소위 식민지 언어학습이라는 개념으로서, 결코 드러나게 권장할 수는 없는 방법이지만 그 효과는 매우 유혹적입니다. 식민지 언어 습득 이론이란 옛날 영화나 드라마에 보듯이, 일본 관헌은 이상한 한국어를 구사하지만 그 누구도 못 알아듣겠다고 항의하는 사람이 없는 경우에 해당합니다. 일명 배짱학습이라고도 하는데, 식민지 지배자의 입장에서 충분한 자신감과 함께 학습하는 방식입니다.

둘째, 제대로 못 들은 말이나 모르는 말은 즉시 되물어라.

자꾸 되묻기가 미안해서 대부분 미루어 이해하는 현상이 되풀이됩니다. 그리고 되물으면 상대가 질문 자체를 못 알아들으니까 자꾸 기피하게 되는데요, 돈과 젊음을 낭비하고 빈손으로 귀국하는 것보다는 훨씬 낫다는 사실을 명심하세요. 들은 말을 머릿속으로 정리하지 말고, 상대의 소리 자체로 오해나 이해가 될 때까지 되묻는 행위가 습관화되면 20대인 당신의 영어는 빠른 속도로 성장하게 될 것입니다.

이때, 주의할 점은 연수자 대부분이 표현력 향상만 급급해서 이해력을 소홀히 하지 말아야 한다는 점입니다. 제2언어 습득에는 길이 있으며 순서가 있습니다. 말을 하고 싶다면 잠시 참고 이해력 향상에 힘써야 하겠습니다.

예술의 장르 AWAKEN! ENGLISH

번역 12

〈햄릿〉 3막 1장에 등장하는 “사느냐 죽느냐, 그것이 문제로다”라는 대사의 원문은 “To be, or not to be: that is the question”입니다. 또한 데카르트의 “I think, therefore I am”이라는 유명한 말은 “나는 생각한다, 고로 나는 존재한다”라는 번역을 통해서 우리 마음에 와 닿습니다. 이처럼 ‘To be’를 ‘사느냐’로 표현하는 것은 또 하나의 예술 세계입니다. 번역이란 이렇게 시간적, 공간적으로 다른 문화적 개념을 또 다른 언어-문화권에 전달하는 고차원적인 작업이라는 말이죠.

그저 “있을까 없을까: 그게 질문이다”는 식의 말은 번역도 아니고, 다만 독자에게 혼란만 줄 뿐입니다. “난 생각해, 그러니까 나야”와 같은 말 바꾸기로는 읽는 이에게 어떤 감흥이나 감동도 줄 수 없죠. “Gone, with the wind”가 “바람하고 갔음” 정도로 우리에게 다가왔다면, 명화 자체를 훼손했을 겁니다. 따라서 번역은 또 다른 창작 예술이지, 언어를 이해하는 도구가 될 수는 없습니다.

그러니 이제 영어를 배우면서 어휘나 문장을 이해하는 과정을 번역이나 해석이라고 부르는 오류는 중지되어야 하겠습니다. **언어는 이해하고 표현하는 대상일 뿐 법조문처럼 해석되어서는 안 된다**는 점만 분명하게 인식해도, 영어 학습의 불필요한 부분들이 자동적으로 사라지겠지요.

언어는 문화입니다. 젊은이들이 연수를 계획하는 것도, 알고 보면 영어 능력 향상보다는 이들의 문화를 이해하기 위해서여야 합니다. 캐나다나 미국이 왜 연수나 유학을 쉽게 받아들인다고 생각하나요? 바로 자기 나라를 이해하는 사람들이 많아지도록 하기 위함입니다. 따라서 국내에 앉은 채로, 자신이 속한 문화의 잣대로 다른 문화의 산물을 가늠해서는 안 되겠죠. 이런 관점은 우리의 시나 시조 그리고 수백 년 된 문화가 왜 세계로 뻗어 나가지 못하는가에 대한 답이기도 합니다. 깊으면서도 상큼한 맛을 지닌 우리 문화를 외국인의 감성에 접근시킬 인재를 양성하는 일이 시급한 시점입니다. 물론 이를 감당할 청년들은 번역 없이 영어를 이해하고 표현할 능력이 있는 사람에 국한되겠지요.

APPENDIX

부록

학습 전략 측정

학습 전략 측정

여기 수록된 측정 방법은 1990년 Oxford라는 사람이 발표한 영어 학습 전략의 분류입니다. 이와 유사한 외국어 학습 전략 연구가 Rubin(1975), Stern(1975), Naiman, Frlich와 Todesco(1975) 등의 학자로부터 시작되었는데요, 본래는 성공적인 외국어 학습자가 사용하는 의식, 무의식의 전략을 조사해서 상대적으로 부족한 학습자를 지도하려는 목적으로 만들어진 것이지요. 소위 훌륭한 언어 학습자들이 공통적으로 보여주는 핵심적인 전략의 목록을 작성해 놓은 것입니다.

쉽게 말해서, 영어를 잘 익히는 사람들을 살펴보니까 아래에 나열된 행위들을 하고 있더라~는 말이죠. 따라서 이 50개의 문항은 영어 학습력 측정의 도구로 사용되기보다는, 영어 습득 방식의 점검표로 이용되어도 무방합니다. 작은 아쉬움이 있다면 훈련에 필요한 시간적인 범위가 없다는 것인데, 전체적으로 자신의 학습 방식을 점검하는 데에는 무리가 없을 겁니다.

Oxford는 학습 전략을 크게 직접 전략과 간접 전략으로 구분했습니다. 그리고 직접 전략은 기억, 인지, 보상 등의 세 가지로, 간접 전략은 상위인지, 정의 및 사회적 전략으로 구분했습니다. 따라서 측정 결과에 따라 개개인의 전략 수정이 가능하다는 장점이 있습니다(기억 1~9, 인지 10~23, 보상 24~29, 초인지 30~38, 정의적 39~44, 사회적 45~50).

각 항목은 최저 1점에서 최고 5점으로 배점됩니다. 전혀 해당되지 않으면 1점, 그렇지 않다는 2점, 보통이라고 생각되면 3점, 그렇다고 생각되면 4점, 분명히 그렇다면 5점을 주면 되는 거지요.

측정의 결과를 총점 250점 만점에 몇 점으로 단순 평가하는 것도 좋겠지만, 각 항목별로 평균을 내어 자신의 현주소를 확인할 수 있다면 더욱 효과적으로 자신만의 학습 전략을 갖는 기회가 될 겁니다. 나열된 항목 중에는 지금까지 여러분이 학습해 왔던 방식과 많이 다른 것도 있을 텐데요, 바로 그 부분들이 Awaken! English가 추구하는 방향에 크게 부합됩니다.

01 나는 영어로 새로운 것을 배울 때, 내가 이미 영어로 잘 알고 있는 것과 그 새로운 것을 관련지어 생각해본다.

02 나는 새로운 영어 단어를 잘 기억할 수 있도록 그 단어를 문장 속에서 사용해본다.

03 나는 새로운 영어 단어를 잘 기억하기 위해 단어의 소리(Sound)를 단어의 이미지 및 영상과 연상시킨다.

04 나는 새로운 영어 단어를 사용할 수 있는 상황을 머릿속에 그려봄으로써 그 단어를 기억한다.

05 나는 새로운 영어 단어를 기억하기 위해 운율(끝소리가 같은 단어와 짝짓는 것)을 사용한다.

06 나는 새로운 영어 단어를 기억하기 위해 낱말 카드를 사용한다.

07 나는 새로운 영어 단어를 기억하기 위해 몸짓으로 그 동작을 해본다.

08 나는 영어 수업을 자주 복습한다.

09 나는 새로운 영어 단어가 책이나 칠판 혹은 거리의 간판 등에서 쓰였던 위치를 떠올려 봄으로써 단어를 기억한다.

10 나는 새로운 영어 단어를 여러 번 반복하여 말해 보거나 적어 본다.

11 나는 영어 화자처럼 말하려고 시도해 본다.

12 나는 영어 발음을 연습한다.

13 나는 아는 영어 단어를 여러 가지 방법으로 사용해 본다.

14 나는 대화를 영어로 시작한다.

15 나는 영어로 나오는 TV 프로그램을 보거나 영화를 본다.

16 나는 재미 삼아 영어로 쓰인 글을 읽는다.

17 나는 쪽지, 메시지, 편지나 보고서를 영어로 써본다.

18 나는 영어로 쓰인 글을 읽을 때 먼저 쭉 훑어본 뒤 처음으로 되돌아가서 주의 깊게 읽는다.

19 나는 새로 익힌 영어 단어와 비슷한 우리말 단어를 생각해 본다.

20 나는 영어에서 패턴을 찾아보려고 노력한다.

21 나는 영어 단어의 어근이나 접두사 또는 접미사로 나누어 단어의 의미를 알아낸다.

22 나는 단어 대 단어 번역을 하지 않으려고 한다.

23 나는 영어로 들은 내용이나 읽은 내용을 요약해 본다.

24 나는 잘 모르는 영어 단어가 나오면 그 의미를 추측해 본다

25 나는 영어로 대화를 하는 도중 단어가 잘 생각나지 않으면, 제스처를 사용한다.

26 나는 만약 적당한 영어 단어가 생각나지 않으면, 새로운 단어를 만들어 본다.

27 나는 새로 나오는 단어를 일일이 다 사전에서 찾아가며 읽지 않는다.

28 나는 상대방이 다음에 뭐라고 영어로 말할지 추측해보려고 한다.

29 나는 만약 영어 단어가 생각나지 않으면, 같은 의미의 다른 단어나 표현을 사용해 본다.

30 나는 영어를 사용할 수 있는 가능한 한 많은 방법을 찾고자 한다.

31 나는 나의 영어 오류를 알아차리면 그러한 실수를 내가 영어를 더욱 잘 하기 위한 방법으로 선용한다.

32 나는 어떤 사람이 영어로 말할 때 주의를 기울인다.

33 나는 영어를 더욱 잘 학습할 수 있는 방법을 모색한다.

34 나는 영어를 공부하는 시간을 충분히 가질 수 있도록 계획을 짠다.

35 나는 영어로 함께 이야기할 수 있는 사람을 찾는다.

36 나는 가능한 한 영어로 많이 읽을 기회를 추구한다.

37 나는 영어 실력을 향상시키려는 분명한 목표를 가지고 있다.

38 나는 영어 공부를 하면서 나의 영어 실력이 나아지고 있는가를 생각한다.

39 나는 영어를 사용하는 것에 대한 두려움을 느낄 때마다 긴장을 풀어보려고 한다.

40 나는 실수에 대한 두려움을 느낄 때조차도 용기를 내어 영어로 말하려고 한다.

41 나는 영어를 잘 했을 때 그에 대한 보상이나 칭찬을 스스로에게 한다.

42 나는 영어를 공부하거나 사용할 때, 내가 긴장하거나 초조한지 알아차린다.

43 나는 영어 학습일지에 나의 느낌을 적는다.

44 나는 영어 공부를 할 때 느끼는 감정에 대하여 다른 사람에게 이야기한다.

45 나는 만약 상대방이 영어로 하는 말을 이해할 수 없을 때, 천천히 또는 다시 말해 달라고 부탁한다.

46 나는 영어로 말할 때 영어 화자에게 틀린 것이 있으면 고쳐달라고 부탁한다.

47 나는 다른 친구들과 함께 영어를 연습한다.

48 나는 영어 화자에게 도움을 청한다.

49 나는 영어로 질문을 한다.

50 나는 영어권 국가의 문화를 알려고 한다.

가르치는 이를 위한, 작은 조언

Prologue

교육을 일컬어 백년대계라고 합니다. 먼 장래를 내다보고 계획을 세운다는 의미를 영어 교육에 적용해서 준비해야 합니다. 10년 전만 해도 점수만 좋으면 되었기에 누구나 일본식 문법에 충실하면 교사가 될 수 있었습니다. 하지만 소통적 영어가 화두인 오늘에도 가르치는 이의 소양은 목표와 너무 동떨어진 상태인 것이 사실입니다. 우리가 오래전 학교에서 배운 언어 관련 내용은 외국서적을 그대로 베낀 것이었기에, 지금의 현실에 꼭 알맞은 해답이 이미 제시되었다고 할 수 있습니다. 물론 우리 대부분은 공부를 위한 공부로 지나쳤었지만, 지금이라도 언어학적 소양을 되살리는 것이 스스로와 학습자를 위한 길이며 대한민국의 진정한 세계화를 성취하는 길입니다.

어쩌다가 철밥통 소리를 듣게 된 우리 모두가 다시 존경의 대상으로 거듭나야 한다는 생각에서, 어법과는 전혀 다른 이야기를 부록이라는 이름으로 첨가했습니다. 마음은 학창시절로 돌아가 기억을 되살리며 차근차근 읽기를 부탁드립니다.

전통 문법 학습

전통문법(traditional grammar) 학습은 그 이름 그대로 전통적으로 내려온 문법 학습이라고 보면 됩니다. 이 학습법은 19세기까지 유럽 문법의 규범이었지만, 언어학 이론이 점차 문법적인 학습에 한정되지 않고 소통적인 언어를 목표로 진행되어 오면서 훗날 구조문법(structural grammar)이나 변형생성문법(transformational generative grammar)에 자리를 내놓아야만 했습니다.

지금에 와서는 오류가 많았던 것으로 인식되는 이 학습법도 우리에게 시사하는 바가 크지요. 라틴어 학습에서 시작된 이 방법의 장점은 '규칙성의 강조'에 있습니다. 요즈음 각광을 받는 그 어떤 형태의 학습법이라도 사실은 기본 규칙을 완전히 배제할 수는 없습니다. 말하자면 규칙성을 변형시키는 데 필요한 조건을 부각시키기 전에, (전통문법 학습과 같은) 기준의 제시가 언제나 선행된다는 뜻입니다.

또한 단순히 그런 관점에서만이 아니더라도 (바탕에) 지극히 규칙에 의존하는 심층을 형성하기 위해서는, 문화나 감정이 배제된 상태에서 전통문법 학습과 같은 과정이 우선되어야 한다고 강조하고 싶습니다.

물론 모국어를 습득하는 완벽하게(?) 정상적인 경로처럼 외국어도 (소리에 기반을 둔) 음운 규칙을 앞세워 학습하는 것이 옳습니다. 하지만 우리 한국인 대부분은 문자 우선의 학습으로 기형적인 심층의 구성이 선행되었기 때문에, 영어에서도 기본적인 통사 구조를 규칙성에 입각해 주입 혹은 개조시킬 필요가 절실합니다.

정리하자면, 전통문법 학습의 폐해를 지적하는 비판들 또한 바로 문자를 통한 학습에 국한될 뿐 이를 음성적인 표현과 연계시켜야 한다는 지적은 아예 무시되었습니다. 비판을 위한 비판의 소지가 없지 않았던 것이죠. 그러나 언어, 세상의 그 어떤 언어도 규칙을 완전히 배제할 수는 없습니다. 또한 그 어떤 변화도 규칙 주변에서 생성됩니다. 이러한 부분만 인정할 수 있다면, 심층 구성에서의 규칙성 함양이 가장 큰 목적이 되어야 하겠죠. 따라서 부정사, 관용어구, 분사 그리고 가능하다면 완료에 대한 교육 등에서 (공시적인 변형에 개의치 말고) 휘고 꺾인 통사 구조의 정상화를 꾀해야 합니다.

전통문법에 대한 비판으로 통시적인 언어의 변화를 아예 인정하지 않았다든지 독해와 문법에 치우쳐 음운적인 영역이 배제되었다든지 하는 부분만 있지는 않습니다. 이 외에도 품사의 기능을 지나치게 명료(?)하게 정의하고 그에 따른 번역이나 독해를 강조했다는 사실 또한 지적할 수 있습니다. 즉 연계성이나 관계성을 배제하고, 품사가 지닌 독자적인 기능의 집합(이미 정의된)으로 언어를 풀이하려 했다는 말입니다.

이런 오류의 지적과 함께, 전통문법 학습은 그 규칙성마저 불완전하다는 비판 앞에서도 무기력할 수밖에 없었습니다. 이는 실제 언어 사용과 일정한 거리를 가질 수밖에 없었던 출발의 오류로 인정되지요. 즉 문법적 분류에 치중하여 그 원론적인 개념에 불충실했다는 말인데요, 그래서 각 형태에 대한 분류마저도 원론에 지나치게 치우쳤다는 평가를 받습니다.

구조문법

아직까지 그 영향력을 행사하는 구조주의학파의 태동은 1920년대로 거슬러 올라갑니다. 전통문법의 불명확성—지나치게 명확하게 하려는 시도로 인해 나타난 현상이지만요—으로 인해, 말하는 이(화자)의 의도를 선행적으로 파악해야만 정확성을 기할 수 있다는 것에 반기를 든 이론이라고 할 수 있겠죠.

소쉬르(Ferdinand De Saussure)의 사망 후 수년 만에 일어난 현상이라는 사실과 전통문법의 뒤를 이어 나왔다는 점만으로도 구조문법의 형태를 미루어 짐작할 수 있습니다. 스위스 언어학자 소쉬르는 사후에 나온 『일반 언어학 강의』가 대표작이며, 흔히 현대 구조주의 언어학과 기호학의 창시자로 불리는 인물이지요. 특히 이때부터 일반 언어와 개별 언어의 구분이 시작되었습니다.

구조문법은 언어 그 자체의 '표층적 연구'에 중점을 두었습니다. 즉 어떤 언어이든 표현된 그 자체로 의미를 가지므로, 그 형태를 연구함으로써 언어의 구조를 파악하려 노력한 셈이었죠. 전통문법에서는 일물일어(一物一語)주의—사물이나 현상을 가장 적절히 표현하는 것은 단 한 개의 용어밖에는 없다는 주장—에 치중된 듯한 모습이 있었기에, 어휘의 다의성을 인정하고 그 규칙성을 설명하려는 의도로 시작되었습니다. 더불어 언어는 쓰고 읽기보다는 말하고 듣는 것이라는, 지금으로 보아서는 너무도 당연한 이야기를 그 시작부터 분명히 밝혔지요. 이로부터 언어의 복잡성에 대한 이해가 시작되었을 뿐 아니라 심리학과의 연계를 모색하게 된 시점이기도 합니다. 덧붙이자면, 제2언어를 습득하는 데에는 일물일어주의식의 어휘 훈련보다는 다의성을 바탕으로 접근하는 편이 효과적입니다.

언어학에는 규범문법과 기술문법의 구별이 있습니다. 규범문법(prescriptive grammar)이 언어생활에서 규칙을 설정하고 그것을 지키도록 명령하는 문법이라면, 기술문법(descriptive grammar)은 특정한 시기의 한 언어 상태나 문법 현상을 '있는 그대로' 기술하는 문법을 말합니다. 규범문법이 올바른 문장만을 말한다면, 기술문법은 옳지 않다고 판단될지라도 모국어 사용자가 자주 쓰는 문장이라면 분석 대상으로 삼지요. 예를 들어볼까요? 국내에서도 많은 분들이 애청하시는 미국 드라마 중에 〈빅뱅 이론〉이라는 프로그램이 있습니다. 이 드라마의 한 에피소드에 나오는 장면입니다.

Leonard: So Dennis, how long have you been in America?

Dennis: A year and a half.

Leonard: No kidding, you speak English really well.

Dennis: So do you. Except for your tendency to end sentences with prepositions.

Leonard: What are you talking about?

Dennis: That.

Sheldon: He's not wrong.

레너드: 데니스, 미국에 온 지는 얼마나 됐어?

데니스: 일 년 반 됐습니다.

레너드: 설마…. 영어 정말 잘 하는데?

데니스: 당신도 잘 하시네요. 전치사로 문장을 끝내는 습관만 빼면 말이죠.

레너드: 무슨 말이야?

데니스: 바로 그거 말입니다.

셸던: 틀린 건 아니야.

짧은 대화이지만, 우리가 앞에서 다루었던 완료부터 강조까지 많은 표현이 담겨 있네요. 대화의 맥락을 간단히 설명하자면, 레너드는 미국인으로 20대의 공학 박사이고 데니스는 미국으로 망명한 10대 북한 소년이면서 공학 천재입니다. 10대의 동양 소년이 20대의 미국인에게 '당신도 영어를 잘 하지만, 나쁜 습관이 있군요'라고 지적하면서 웃음을 유발하는 장면이지요. 그럼 이 부분이 규범문법, 기술문법과 무슨 관련이 있을까요? 규범문법 중에는 "Never end a sentence with a preposition", 곧 "문장의 끝에 전치사를 두지 말라"는 규칙이 있습니다. 이 규칙에 따르면, 레너드가 말한 문장은 잘못된 것이죠. 한편으로는 여전히 이 법칙을 굳게 지키는 분들도 있습니다만, 다른 한편으로는 현대 어법에는 맞지 않으니 시정되어야 한다고 말하는 원어민들도 적지 않습니다. 위의 레너드처럼 일상생활에서 자각하지 못하고 쓰는 영어 원어민들도 물론 많지요.

구조문법은 규범문법에서 탈피해 기술문법을 무조건 인정했습니다. 그러다 보니 수많은 예(편지 등)를 자료로 분석하게 되었고, 결국 심리학자 스키너(Burrhus Frederic Skinner)의 이론과도 접목하게 되었지요. 따라서 구조문법에 의해 통사론이 급격하게 발전함과 동시에, 다행스럽게도 표층에 중점을 두면서 음운적인 중요성 또한 크게 대두되었습니다.

그러나 구조문법 역시 어떤 규범에 의해 언어행위가 일어난다고 전제했기에 한계가 있을 수밖에 없었습니다. 인간이 만들어내는 갖가지('무한한') 언어 자료를 통해 규칙을 명시할 수 있다는 그들의 명제에 결코 도달할 방법이 없던 겁니다. 그래서 결국 전통문법과 유사한 부족함을 맛보아야 했습니다.

또한 이들이 언어연구 혹은 언어학습의 순서로 권했던, '음운—

형태—통사'의 과정은 실질적인 효과를 얻지 못했습니다. 이와 더불어 A.S.T.P.의 등장으로 또 다른 이론이 잉태되었지요. 특히 심리학과의 연계에서 스키너의 이론은 모국어도 (타고나는 것이 아니라) 후천적인 노력의 결과로 성취된다고 전제했습니다. 그리고 이에 따라 구조문법은 발 빠르게 몰락하기 시작했습니다.

언어의 습득

'언어의 (선천적인) 습득'이라는 말은 모국어에 한정된다고 보는 학자들이 많습니다. 그러나 모국어와는 달리 제2, 3의 언어들은 (후천적인) 학습을 통해 조직된다고 믿는 부류가 많다고 해서, 이를 곧 진실이라고 말하기는 어렵습니다.

그 구체적인 이유를 설명하기 전에, 제1언어, 제2언어 혹은 제3언어라는 표현을 먼저 잘 새겨 보면 해답이 있지 않을까요? L.A.D., 곧 언어 습득 장치가 활성화되어 있는 소년기에 두 개 이상의 언어를 접하게 되면, 누구나 제1언어를 하나 이상 갖게 됩니다. 이러한 현상에 따라, 우리가 지니고 있는 제1외국어, 제2외국어라는 개념은 수정되어야 합니다. 따라서 제3언어라고 표현되는 정도라면, 현재 보편적인 한국인의 영어 수준을 말한다고 보아도 좋습니다.

그렇다면, 일반 학자들이 말하는 언어의 습득과 학습은 어떻게 다를까요?

보통 습득이 자연스런 상태에서 의도하지 않고 얻는 것이라면, 학습은 인위적인 노력이 첨가되어 얻어지는 성과라고 이야기합니다. 그러나 여기에도 함정이 있습니다. 즉 첫째, 언어의 습득과 발달에 대한 견해 자체가 충분히 설명되기 어렵다는 점 그리고 둘째, 인위적인 성취에 의한 발달과 습득에 의한 발달을 구별하기 어려운 현상에 부딪히게 된다는 점 때문이죠.

따라서 유창성이나 숙련도로 언어 능력을 평가해야 한다면, (선천적인) 습득이나 (후천적인) 학습이라는 개념이 전제된 제1, 제2 그리고 제3언어의 구분은 모호해집니다. 결국 언어란 의도의 전제가 아닌 그 성취도에 따라 분류되는 편이 옳다고 생각되지요. 관점에 따라서는, 세상의 어떤 언어도 모국어화할 수 있다는 성급한 결론에 도달할 근거가 되기도 합니다.

물론 자연스레 얻어지는 모국어 습득 과정의 신비로움을 격하시킬 의도는 없습니다. 다만 언어학은 그 신비의 베일을 벗겨 학습자에게 모든 언어에서 습득의 경이로움을 나누어 주는 일에 그 목적을 두어야 합니다. 어떤 유의 학문이라도 그 존재만을 위해 연구되고 발전된다면, 도태를 자초하는 우를 범하는 것이 되고 말 테니까요.

아무튼 언어에 관한 한, 인간의 관심은 과거부터 지대할 수밖에 없었습니다. 기원전 600년경, 언어에 궁금증이 많았던 이집트 파라오 프사메티코스(Psammetichus)는 갓난아이 둘을 움막에 가두어 기르면서 제일 처음에 나오는 말이 무엇인지를 알아내도록 명령했다고 합니다. 언어의 기원이 궁금했던 그가 얻은 첫 어휘는 bekos라는 것이었는데, 터키 서북부 말(프리기아어)로 빵을 의미했다고 하지요. 그래서 그는 언어는 터키에서 시작되었다고 결론을 내렸다는데, 노아의 방주가 앉은 위치와 견주어 보면 흥미롭기 그지없습니다.

그로부터 2,300여 년이라는 세월이 흐른 17세기에 이르러, 언어의 시작에 대한 관심이 철학자들에게 전염병처럼 번졌습니다. 이 시기에 데카르트(René Descartes)가 이끄는 이성주의학파와 로크(John Locke)의 경험주의학파가 대립하게 되었죠. 로크의 제자인 콩디약(Etienne Bonnot De Condillac)은 노아의 홍수가 일어난 직후를 배경으로 해서 어린이 두 명을 사막에 두는 가설을 제시합니다. 그리고 그 아이들이 소리를 내기 시작하고 그 소리에 규칙성을 세워가며 언어를 만들었다는 황당한 언어기원설을 제창했습니다. 그리고 이 억지는 훗날 루소(Jean Jacques Rousseau)가 이어받아 자연발성설(自然發聲說)로 학계를 주도합니다.

그러나 불과 100년도 안 되어, 기원설에 집착하던 학풍은 어린이의 언어를 대상으로 그 발달 과정에 대한 관찰과 분석에 돌입합니다. 상상과 가설의 시대를 마감하고 연구의 대상으로 언어를 바라보게 된 시점입니다.

이때부터 언어에 대한 관심은 다윈(Charles Robert Darwin)과 같은 진화론자를 포함해 생리학자나 심리학자들의 판단에 의해 하나씩 하나씩 벽돌을 쌓게 되었습니다. 그러나 당시의 과학은 관찰을 통해 그 과정을 면밀히 기록하고 검토하는 선에 그칠 수밖에 없는 수준이었습니다. 이를 통해서는 실제적으로 접근하는 데 한계를 벗어날 수 없었지요. 다시 말해서, 인간이 사용하는 언어의 큰 틀을 볼 수 없는 상태에서 현실적인 변화만을 연구하는 낮은 수준이었다는 뜻입니다. 당연히 그 결과는 미미할 수밖에 없었다고 하겠습니다.

심리학자들도 역시 어린이의 어휘 발달에만 치중하고 있었고, 어휘 발달의 첫 결정적 시기(Critical Period)인 서너 살에서 그들의 역할은 끝이 나곤 했습니다. 겨우 서너 살 정도까지의 어휘 발달만을 다루어야 했던 그들은 첫 시기 이후에 발달하는 통사적인 구조에 대해서는 연구할 엄두도 내지 못했습니다. 그뿐만 아니라 음운 구조의 변환도 인쇄체 소리에 국한될 수밖에 없었지요. 결론적으로 세 살 이전의 자료만으로는 음성이나 어휘의 발달 과정을 아무리 정밀하게 분석한다 해도 인간 언어를 주변적으로 설명하는 것에 불과했습니다.

이때까지 심리학의 한 분야로 연구되어 오던 언어 생성이 19세기 말에서 20세기 초반에 이르러 타의적으로 인접 학문인 언어학에 이양되기 시작했습니다. 그리고 이것은 단기간에 언어학의 성과를 올리는 데 커다란 몫을 했습니다. 특히 촘스키(Avram Noam Chomsky)는 "외국어는 유아가 모국어를 습득하는 과정과 같은 절차에 의해서만 성취된다"고 했는데요, 이는 언어학을 모든 학문의 앞에 위치토록 한 의미 깊은 주장이었습니다.

그의 주장을 요약하면, 두 가지 면에서 생성문법의 정상화를 설명하게 됩니다. 기술적 적절성의 수준에서 문법은 그 대상, 즉 이른바 토박이의 언어적 직관(능력)을 정확하게 기술하는 정도에 따라 정당화됩니다. 이런 의미에서 보면, 문법은 외적인 근거, 즉 언어적 사실과의 대응 근거에 의해서 정당화된다는 말입니다. 설명적 적절성은 보다 더 심오하기 때문에 달성하기가 훨씬 힘든데요, 이 수준에서 문법은 그것이 정한(정해진) 일정한 규칙에 입각한 체계인가에 따라 정당화됩니다. 결국 말이란 규칙성에 입각한 적절성이 어떻게 설명되는가에 따라 그 연구의 방향이 결정된다고 보아도 좋습니다.

앞서 소쉬르가 심층과 표층을 설명했던 방식과 달리, 촘스키는 심층의 개별성을 주장했습니다. 여기서 구조문법과 생성문법의 차이를 느낄 수 있지요. 현상에 입각해 규칙성을 찾으려 했던 구조주의는 기본 구조에 의한 학습만을 강조하던 전통문법주의만큼이나 답답했습니다. 이것이 생리적인 자극에 입각한 심층의 우선을 주장하는 변형생성주의가 반세기를 풍미하고 있는 이유입니다.

단어의 모습

말이란 어휘의 조합으로 이루어지는 의사 전달 도구이므로, 그 구성의 단위인 단어를 간과해서는 언어 자체의 구성이 불가능합니다. 그래서 지금 이 시간에도 도서관이나 독서실마다 많은 학습자들이 단어를 외우기 위해 손으로 쓰고 입으로 소리를 내가며 열심이지요. 이렇게 외우는 행위의 폐해에 대해서는 차차 이야기하기로 하고, 우선 그토록 열심히 암기하고 있는 어휘의 생김새부터 알아봅시다. 학문적으로 '개념의 최소 단위'라고 불리는 어휘는 세 가지 특징을 한 몸에 지니고 있는데, 바로 뜻과 소리 그리고 문자로의 표현입니다.

예를 들어, '학교'라는 단어를 생각해 봅시다. 이 말 안에는 (1) 학생에게는 배움의 터이며 교사에게는 가르치는 곳이라는 의미와 (2) '[학꾜]'라는 소리 그리고 (3) '학교'라는 문자적인 표기가 함께 들어 있습니다. 물론 말하는 이의 의도에 따라 의미가 변하는 경우까지 생각한다면, 교도소나 모범생을 뜻하기도 하겠지요.

이렇듯 외형적으로 나타나는 소리와 문자는 정형화되어 있습니다. 그리고 의미 또한 사용자의 의도에 따라 전하는 바가 변하기는 하지만, 기본적으로 일정하게 정해져 있습니다. '학교'의 예를 보자면 바로 '배움의 터'라는 정형이지요.

또 다른 예로 '아~'라는 단순한 감탄사를 살펴봅시다. 문자로는 동일하지만, 실망이나 놀람 혹은 비아냥거림을 나타내는 경우가 있지요. 이런 각각의 표현은 소리의 변화로 나타나고 인지됩니다. 여기서 소리의 변환이 즉각적으로 의미의 변화와 연결되는 부분에 유념해야 합니다. 물론, 문자가 변하는 경우도 생각할 수 있지요. 하지만 이는 어휘 그 자체 외의 부호(문장 부호 등)가 첨가되어 일어나는 현상이므로 우리의 논의에서 당연히 배제됩니다.

결국, 어휘는 정형의 문자와 변화 가능한 소리 그리고 말하는 사람의 의도에 따른 변화를 모두 포함하는 말의 최소 단위라고 표현할 수 있습니다. 이는 학문에서 단어에는 의미소와 음소가 있다고 말하는 부분인데요, 외국어를 가르치는 분들은 자소가 배제된 설명임에 유의해서 교육 과정을 만들어야 하겠습니다.

소리가 무시된 어휘 습득

따라서 모국어이건 외국어이건 간에, 언어 습득은 의미와 소리를 갖는 것으로부터 시작되어야 합니다. 이는 자명한 이치이건만, 우리는 단어를 습득하는 데에서 소리를 완전히 배제하고 문자를 앞세워 의미에만 도달하고자 노력해 왔습니다.

혹자는 소리 내어 말하면서 쓰는 행위를 병행하고 있다고 말할지도 모릅니다. 그러나 이는 문자의 구성인 자소를 모르는 채로 글을 표기할 수 있다는 말과 다르지 않습니다. 소위 알파벳(alphabet)이라고 불리는 영어의 자소를 모르면, 언어는커녕 어휘조차 문자화할 수 없습니다. 마찬가지로, 영어의 음소를 모르면서 한국식으로 조음되는 소리를 통해 어휘의 소리를 갖는다는 주장은 어불성설입니다. 그래서 교사가 실제적으로 영어의 음성학적 소양을 가져야만 하는 것이고요.

문자를 습득할 때 인쇄체와 필기체를 따로 배우듯이 소리에도 인쇄체와 필기체가 있습니다. 우리말로 한다면, 유치원생이 말하는 "학교에 다녀오겠습니다"와 고등학생의 "하껴(하끼요) 다녀오게씀미다"가 문자의 인쇄체와 필기체에 비견됩니다. 이런 변화들이 구개음화나 자음접변 등의 문법적인 지식에 좌우되는 것이 아니라, 성장 혹은 유창성에 따른 소리의 자연스런 변환이라는 사실은 누구나 알 수 있습니다.

쉬운 예를 들어 봅시다. 영어의 worm이 연충(蟲)(지렁이, 구더기, 촌충), (발이 없고 꿈틀꿈틀하는) 벌레라는 뜻이라는 건 누구나 알고 있고 쓰고 읽을 수도 있지요. 하지만 원어민이 구현하는 소리를 듣고 warm과 구분하기는 어렵습니다. 이처럼 어휘의 구성소인 의미와 문자는 알면서도, 입과 귀를 통해 전달되는 소리에 둔감해 이해하지 못하거나 오해하게 되는 경우가 발생합니다.

결국 우리말로 '웜'이라는 식으로 어휘를 인식해서는 단어에 실질적으로 접근하기 어렵다는 말입니다. 사실 원어민이 인쇄체 형태로 말할 때도 알아듣기 어려운 지금의 상황에서, 필기체 형태의 영어를 듣는다는 것은 정말 쉽지 않은 일입니다. 그래서 영어를 좀 한다는 사람들, 1 대 1 대화는 어느 정도 소화할 수 있다고 하는 이들조차 원어민 사이에 끼어 그들의 대화를 듣는 일에 스트레스를 받는다고 이야기하는 거죠. 이 모든 것이 어휘를 구성하는 단위 중에서 입과 귀를 통한 의사소통에 중요한 소리를 경시한 결과입니다.

이렇게 어휘의 한 부분이 무시된 채로 익히는 단어들은, 한국어와 마찬가지로 매우 규칙적인 조합을 통해 말의 의미를 구성하게 됩니다. 그런데 여기서도 또 다른 필기체와 인쇄체의 변화가 발생합니다. 소위 '형태의 음성층위에 따른 음운변화와는 구별되는 음운규칙상의 음운변화'라고 하는 것인데요, 사실상 앞서의 "하껴(하끼요) 다녀오게씀미다"의 변화에 비하면 두 단계쯤 아래에 있는 현상일 뿐입니다. 단지 고명한 학자님들이 어렵게 풀어서 이야기한 것에 불과하지요.

학문과 실제

세월과 함께 세분되는 학문의 숫자가 넘치듯 늘어나고 있지만, 사실 학문이란 실제의 반영에 불과합니다. 현존하지 않는 것에 대해 형이상학적인 설명만을 되풀이하는 학문은 어쩔 수 없이 사양길에 접어들게 됩니다. 학문이란 세상에 존재하는 어떤 현상에 대해 원인이나 결과를 규명하거나 또는 그 과정을 설명하여 후학에게 보다 빠르고 옳은 길을 제시하고자 존재하지요. 그런데 세월의 변천을 따르지 못하고 탁상공론에만 머물러 있는 부류는 이미 침묵의 길, 역사의 뒤안길에 들어서 있는 것이 현실 아닐까요? 물론 한국의 영어 학습만큼은 그 필요성이 너무 커서, 오류가 중첩되고 반복되어도 지금까지 잘 버텨오고 있습니다만….

덧셈과 뺄셈도 모르면서 산수 혹은 수학을 가르치거나 배우는 사람을 상정하기 어렵듯이, 언어의 1, 2, 3을 모르면서 개별 언어의 하나인 프랑스어, 영어, 스페인어를 가르치고 배우는 사람들은 앞으로 점차 용서받기 힘들 겁니다. 그러나 아직까지 현실은 어떤가요? 적절한 소양이 결여된 채로 도식화된 경로를 통해 '가르치는 이'가 되고 또 제도적으로 속아 '배우는 이'가 되어, 모두가 총체적인 불편함과 부당함을 겪고 있지요. 그런 아픔에서 벗어나기 위해서는, 이제라도 교사들이 시급히 실질적인 언어 소양을 갖추어야 합니다.

마치 닭과 달걀의 이야기 같을 수도 있지만, 현직 영어교사들이 평가 위주의 장애를 스스로 무너뜨리고 나름의 실력을 배양해야 한다는 말입니다. 물론 모든 것이 점수로 환원되고 과정보다는 결과만이 중시되며 새로운 길을 개척하기보다는 선배의 노선을 답습하도록 강요받는 환경에서는, 너무도 어울리지 않는 이야기이기는 합니다만….

현장과 이론의 차이를 완전히 불식할 수는 없겠지만, 이를 좁히는 방법은 교사가 학자의 수준을 갖추는 것입니다. 즉 해당 언어에 대한 소양에 그치지 않고 일반언어학의 분야를 습득함으로써 상당한 설득력을 지닌 교수법에 접근할 수 있습니다. 또한 이를 조합, 구성 혹은 발견할 수 있는 사람만이 오류 없는 전수를 수행한다고 보아야 합니다. 물론 이렇게 탄생한 교수법의 적합성도 논란의 대상이 되겠지만, 이는 임상을 통해 극복할 수 있습니다. 그러니 여러분은 자신만의 교수법 개발을 목표로 정진해야 합니다.

어휘의 인지

어휘를 인지하는 과정을 모국어에 한정해 생각해 보면, 그 발달의 첫 부분은 스키너의 이론과 상당히 부합된다는 점을 알 수 있습니다. 소위 행동주의 철학이 언어학에 영향을 미친 경우인데요, 경험주의적인 시각이 팽배해 있으므로 상자 이론—스키너가 조작적 조건 형성에 대해 고안한 학습 실험으로 상자 안에 지렛대나 표적을 설치하여 쥐나 비둘기 등이 누르거나 쪼면 먹이가 나오도록 설계했지요—과 큰 차이를 발견할 수 없습니다.

만 1세에서 2세까지 나타나는 현상은 스키너 이론으로 어느 정도 설명됩니다. 하지만 그 이후를 보면, 경험주의적인 측면은 일부 인정되지만 행동주의적인 성향은 상당히 감소함을 관찰할 수 있습니다. 어린이는 어휘를 소리부터 인지하고 반복을 통해 의미를 숙지하게 되는데, 스키너 이론이 뜻하는 것과는 또 다른 축적이 시작되지요. 즉 아이가 "맘마"라고 말할 때는 자신의 견해를 표명할 준비를 한다는 뜻으로서, 동물 실험을 통해 관습적인 반응을 밝히는 과정과는 시작부터 전혀 다르다는 말입니다. 어휘의 인지가 축적과 연결되어 의미화가 시작되기에, 단편적인 염상 훈련에서 복합적인 결과에 이를 수 있도록 유도할 필요성이 대두되지요.

물론 어휘의 축적과 의미 단위의 축적이 같을 수는 없지만, 의미의 최소 단위라는 점에서는 어휘와 달리 취급될 수 없습니다. 즉 추상적인 의미 인식을 훈련할 때 염상적인 기법을 사용하면, 결과적으로는 어휘로 남는 듯이 느끼는 현상을 예로 들 수 있습니다. 당연히 사용된 전치사나 동사에 연결된 미래 분사적, 현재 분사적, 과거 분사적 의미가 잔존하면서도 느낌상으로는 어휘 하나를 인지한 듯이 생각한다는 뜻으로서, 훈련에 임하는 학습자들이 불편을 호소하는 현상을 피할 수 없습니다.

예를 들면 'in the room'이라는 개념에서 '안에 있다'는 의미는 기인지된 상태이지만, 즉각적인 인지는 'room'에 한정된다는 말입니다. 따라서 어휘의 인지는 의문사나 관계사로 사용되는 6하 원칙에 준한 변화 정도는 '먹고 들어가는 인지'라고 표현할 수 있을 만큼 기본적인 것이 되어야 합니다.

결국 어휘의 인지란 화자가 발화하는 그 최소의 단위로 얻어지며, 그 단위는 음운 규칙에 따른 바탕 위에 감정이라는 변수를 통해 발화됩니다.

따라서 개념의 확보가 우선적으로 이루어져야 한다는 결론에 도달하게 되지요. 이런 결과는 모국어에서도 마찬가지로 발생합니다. 소위 조사의 활용도에 따라 의미의 주체가 변환되는 현상을 살펴보면, 결합된 의미들이 얼마나 절적한 어휘의 배열로 이루어지는가를 알 수 있습니다.

다시 정리해 봅시다. 배열되는 어휘는 각자의 음성 층위를 가지며, 배열로 인한 또 다른 음운 층위를 구성하고, 화자의 감정에 의해 또 다른 변화가 일어납니다. 그 감정의 변화 역시 음운 변화만큼이나 다양하므로, 그에 대해서도 개괄적인 모습을 심화시키는 것이 중요합니다. 물론 구조주의적인 시각에 따르면, 하나의 언어적 현상으로 치부할 수도 있습니다. 그러나 이는 심층 이후에 발생하므로 문화적인 측면과 연계해야 합니다.

옹알이

만 1세를 전후해서 어린이들은 언어음을 내기 시작하죠. 물론 의미가 포함되지는 않지만, 그동안 축적된 감각성 중추의 훈련을 바탕으로 운동성 중추의 활동이 시작됩니다. 모러(Orval Hobart Mowrer)는 이런 중얼거림이 세상의 모든 언어음을 생산할 수 있다고 주장했지만, 이는 이미 훈련된 감각성 중추는 그 범주가 한정되어 있음을 인정하지 않은 결과입니다. 우리가 CNN을 아무리 오래 들어도 그 소리에 관련한 훈련이 이루어지지 않는 현상에 부합되지요. 그의 주장은 이런 과정을 겪으면서 저절로 필요한 소리만을 추출하여 사용한다는 것입니다. 전체적으로는 언어는 하나라는 촘스키의 주장과 일맥상통하는 듯 보이지만, 그 습득에서 후천적인 부분을 강조한 상이점이 있습니다.

저는 이런 현상에 대해, 이미 얻어진 소리를 구현하려는 조음 구조의 정착 단계로 구분합니다. 즉 조음 구조의 훈련을 통해 운동성 중추와의 연관을 모색하는 시기로서, 다른 인체 구조의 움직임과 연계되는 작용으로 판단하는 거죠. 결국 분명치 못한 소리 훈련을 통해 올바른 소리의 이해에 도달하는 과정으로 **붕어 훈련**이나 **새소리 훈련**을 필수로 택하게 된 것인데요, 비록 잘못된 언어 구조가 이미 형성된 상태에서도 소리의 시간적 늘어짐이나 깨끗함을 경험하게 됩니다.

물론 어린이의 경우, 소리의 정확성이 아직 부족한 면도 있고 의미로의 확립 역시 되어 있지 않은 상태이므로, 성인이 외국어로 영어를 습득하는 것과는 기본적인 차이가 존재합니다. 의미를 이미 알고 있는 상태와 그렇지 못한 상태의 차이인데요, 어휘 습득과 관련해 심각하게 생각해 볼 부분입니다. 왜냐하면 소리를 통한 의미로의 강화가 (부모나 주변 인물에 의한 선택적) 반복에 의해 일어나야만, 그 시기를 지났을 때 형태적인 군집이나 의미적인 군집이 형성되기 때문입니다.

옹알이에 대한 반론도 만만치는 않습니다. 야콥슨(Roman Jakobson)에 의하면, 중얼거림에는 규칙이나 조직 또는 체계성이 없으며 다음에 이루어지는 음운 습득이라는 단계로 옮아가는 데 연관된 순서나 규칙도 전혀 없다고 합니다. 그러나 이를 성인, 특히 한국인과 같은 동양인에 국한해 받아들인다면 어떨까요? 세상의 모든 아이들은 B, M, P나 A, E, I 등의 소리를 먼저 습득하며, 이에 따른 변별적 자질에 의한 음운 대립과 수반되는 규칙을 익혀 나간다는 주장에는 귀를 기울일 수 있겠지요. 다만 이런 주장이 이미 올러(D. Kimbrough Oller)의 실험으로 반박되었다는 사실도 숙지할 필요는 있습니다. 즉 옹알이를 많이 한 소리일수록, 다음 단계에서 보다 쉽고 빈도 높게 나타난다는 거지요. 이런 결과들을 보면, 옹알이는 인간이 언어를 습득하는 데 꼭 필요하다는 믿음이 생깁니다. 더불어 이를 이미 성장한 학습자에게 어떻게 적용할지 고민하게 되겠지요.

또한 옹알이가 갖는 특성 중에, 규칙성이 없다는 점과 함께 의미의 불분명을 이야기할 수 있습니다. 비록 의미 없는 소리의 집합이지만, 그 발성에 이미 감정이 개입되어 있음을 관찰할 수 있습니다. 즉 의미 없는 소리의 연속이지만, 감탄이나 의문 혹은 서술의 형태를 감지할 수 있는 모습은 가지고 있다는 말이죠. 따라서 언어의 발달이란 어떤 특별한 기능들의 조합으로 이루어지는 것이 아니라, 전체적인 음조 형태로 성장하고 나중에 부분적인 발달을 꾀하는 것이 아닐까 생각하게 합니다.

사실 이런 현상을 성인인 한국인 학습자에게 훈련으로 부여하고 그 결과를 확인하기 위해, 동시통역의 과정에서 한국어의 음조를 변형시키도록 주문할 수도 있습니다. 음조가 우선적으로 나타나고 음운으로 형태를 익히며 의미와 접목시킨 다음에야 의미의 최소 단위가 나타날 수 있다면, 뭔가 중복된 현상으로 생각되겠지요. 하지만 감정과 소리와 의미 그리고 효율적인 전달이라는 순서로 나열해서 이해할 수 있습니다. 특히 이런 절차에 의해서만 언어 능력이 무한의 언어 수행으로 전이되는 과정에 대해서는 대상에 따라 여러분 스스로 연구해야 하겠지요.

단어의 나열

의미의 최소 단위를 구성하기 위해서는 하나 혹은 두 개 이상의 어휘들이 모이게 되는데, 이런 형태의 나열에도 규칙이 있음을 보여 주는 것이 통사론이라고 이해합시다. 이미 발화된 어형을 구성하는 구문들의 요소를 분석함으로써, 그 어형이 각 구성 성분들과 어떤 형식으로 이루어졌는지를 밝히는 학문이라는 뜻입니다. 즉 일반적으로 문법이라 통칭되는 것의 근본을 찾는 작업으로서, 통사론이 문법의 핵심이라고 해도 과언이 아닙니다.

통사론이 연구의 대상으로 하는 문장은 구나 절로 이루어져 있고, 구와 절은 단어와 단어로 구성되며, 단어는 음소와 의미소 그리고 자소로 구성되어 있습니다. 결국 어형이란 가장 작은 단위들이 만들어 내는 최대 단위라고 하겠습니다.

특히 전통문법에서는 어휘별로 그 기능에 따라 명사, 동사, 접속사 등으로 구분했는데요, 세월의 흐름에 따라 세분화되었지요. Awaken! 강의에서 주로 사용되는 방법은 형태의 세부 구조를 우선적으로 주입시키는 것이지만, 결국에 단어의 연결을 가능하게 해야 하기에 개념 훈련이 그 뒤를 잇습니다. 물론 학습자가 영어에 대한 기본적인 규칙을 어느 정도 가지고 있느냐에 따라 차이는 있지만, 가급적 기본소에 대한 훈련의 시간을 늘리는 편이 바람직합니다.

아무튼 단어의 조합이라는 측면이 강조되면, 그 어휘들이 가진 역할에 대해 알아야 합니다. 단순한 나열이나 의미로서의 모습이 아닌, 연계 규칙에 대해 알아야 한다는 말입니다. 이는 음운적인 부분이 완전히 배제된 규칙을 이야기하는 것이므로 유의해야 합니다. 따라서 품사의 구분이 필수적으로 요구되는데요, 그렇다고 품사에 대한 인식이 도식적이어서는 곤란하겠죠. 한국어에 근거한 시각으로 보면 이렇습니다. 우선 어휘 전체를 관념사와 관계사로 구분합니다. 그런 다음 체언과 용언, 수식언, 독립언을 관념사의 범주에 넣고 조사를 관계사로 인정한 후에 영어의 품사 구분을 대입시키는 편이 바람직합니다. 곧 의문사를 관계사의 범주로 넣는 작업의 선행 이해가 필요하다는 뜻으로서, 관념사이며 관계사인 경우를 뭉뚱그려 습득해야 한다는 말입니다.

언어는 모방

예스페르센(Otto Jespersen)이 말했듯이 언어는 모방임에 틀림없습니다. 다만 어린이의 경우 그 모방이 부정확하다는 것이 정설이며, 그 원인은 아직 밝혀지지 않았습니다. 하지만 이 경우에 모방의 숙련도 측정에서 연령에 의한 차이가 배제된 측면이 없지 않습니다. 신생아가 부모나 주변 인물의 말을 모방하는 경우와 일정 연령에 도달한 아이가 모방하는 경우의 차이를 말하는 거죠. 이 역시 촘스키의 생득설과 연계하면, 설득력을 얻기도 하고 잃기도 하는 부분입니다. 곧 모국어의 종류와는 관계없이, 생리적인 조음의 능력이 어느 정도 있을 때라야 L.A.D.의 활성화도 기대할 수 있다는 말이 되겠습니다.

즉 전혀 다른 형태의 음소를 약간 혹은 어느 정도 익힌 상태와 신생아의 조음 훈련 사이의 차이를 염두에 두어야 한다는 말이죠. 신생아는 주변의 소리에 언제나 민감하게 반응한다는 언어 습득의 기본에 충실하지만, 생리적인 변화를 일으키기까지는 시간적인 거리가 존재합니다.

이런 모방의 절차로 소리의 축약이나 변이가 발생합니다. 예를 들어 bye bye를 bab bab으로 또는 there를 de나 dei로 조음하는 경우와 "안녕"을 "안녀" 혹은 "죽었어"를 "죽어떠"로 소리 내는 현상을 말합니다. 한국어의 경우에는 종성의 경구개 자음을 치경음의 경음화하는 현상에서 나타나듯이, 모든 소리를 혀의 중심에서 조음하려는 현상(심형래 식으로)이 선행되어 생기는 현상입니다. 영어에서는 군음감축(群音減縮)의 현상(어두에서)으로 string을 tring으로 발음하거나 stop을 top으로 조음하는 현상이 있고, 어말에서 마지막 자음의 제거 현상으로 dog를 da로 또는 boot을 bu로 조음합니다.

또한 대치절차(代置節次)로는 한국어와 같이 연화나 경화의 변화가 일어납니다. 따라서 pie를 bie로, tow를 dow로, knob를 knop로 조음하기도 하고, 마찰음을 파열음으로 바꾸는 fish를 pish로, suit를 tut로 조음하기도 합니다. 그런가 하면 영어에서도 어린이들은 B, P, T, D 등의 조음은 선호하는 반면, G, K 등의 연구개음을 기피하는 현상도 나타나지요. 역시 조음 구조의 생리적인 변화가 부족한 관계로 원순 소리에서도 red를 wed로 조음하거나 L이나 R을 구분하는 능력의 부족으로 hello를 hwow로 발음하기도 합니다.

이런 식으로 어쩔 수 없이 발생하는 현상을 변화마다 하나하나 분류하다 보면, 실체에 대한 접근은 당연히 어려워집니다. 따라서 어린아이의 흉내를 내는 성우의 입장이 되어 보는 것도 하나의 방법입니다. 군음의 현상을 구현하기 위해서 그 탈락을 경험하는 것이 아니라 조음 기관의 발달 부족으로 발생하는 현상, 즉 sticky가 titi—tiki—stiki로 변화되는 현상의 일단일 뿐이니까요.

이음청취

소리의 요소를 파악하는 것은 좌뇌가 담당하고 있습니다. 이런 편중 현상에 힘입어 성인이 상이한 소리 요소를 습득하는 기재로 사용할 만한, 설득력 있는 기법을 개발할 수도 있을 겁니다. 물론 이런 경우에는 학습자가 오른손잡이인지 왼손잡이인지를 먼저 확인해야 할 텐데요, 이는 왼손잡이의 약 60퍼센트만이 우측 청력에 우월성을 보이기 때문입니다. 결국 오른손잡이라도 좌측 청력에 우월한 경우도 배제할 수 없는데, 이런 경우를 위한 학습자 선발의 면접이 선행되어야 오류를 범하지 않겠지요.

기무라(Doreen Kimura)는 청력의 우월성과 관련해 좌, 우의 편중에 대해 다음과 같이 설명합니다.

오른쪽 귀에 제시된 청각 정보는 우측 청각피질보다 좌측 청각피질에 더 강한 효과를 일으키고, 왼쪽 귀에 제시된 것은 오른쪽 피질에 더 강한 효과를 미친다. 그러므로 오른쪽 귀에 제시된 소리는 좌반구의 언어기제에 더 강력한 통제력을 지니는 반면에, 왼쪽 귀에 제시한 말소리는 좌측 대뇌반구의 언어처리 영역을 활성화시키는 영향력이 오른쪽 귀에 비해 미약하다.

그러나 1980년대에 조사된 바로는, 이런 우측 귀의 우월성은 B, D, T, K와 같은 자음들에는 명백히 나타나지만 모음에는 뚜렷한 특징을 보이지 않았다고 보고되었습니다. 조사자들은 좌반구의 우월성(right ear advantage)은 순간적으로 변화된 소리에 대한 반응에 민감하고, 소리의 길이를 늘이거나 지속적인 변화에는 우반구의 결과와 크게 차이가 나지 않았다고 말합니다.

즉 외국어의 소리가 변화로 인지되는 경우에는 좌반구 편중의 훈련이 크게 효과를 볼 수 있지만, 이런 과정이 습관화되면 그 기능은 양쪽 반구에 동일하게 적용된다고 볼 수 있겠습니다. 다시 말해서 이음청취 실험의 결과는 우측 귀 우월성에 의해 변화된 소리를 처리하는 데에는 전문화가 되어 있지만, 그렇다고 어휘적 전문화를 뜻하지는 않는다는 것이었습니다. 이는 어휘적 전문화는 당연히 우뇌와 협동된 결과라야 지속된다는 심리학적 결론과도 일치합니다.

이는 시각의 반구 편중과도 연결됩니다. 오른쪽 눈을 통한 문자의 인식이 왼쪽보다 우월한 반면, 형상에 대한 정보는 우반구에 더 큰 영향을 미친다는 사실도 밝혀진 바 있습니다. 물론 이는 짧은 시간에 인지된 것을 발판으로 한 결과입니다. 곧 100밀리세컨드(millisecond, 1000분의 1초)에서 150밀리세컨드에서 일어나는 결과이며, 그 시간을 초과하면 뇌량을 통해 좌우반구가 서로의 정보를 전달한다는 사실이 중요합니다. 결국 언어의 좌뇌 편중에 근거한 소리의 인지 및 강화를 위한 훈련에 반구 편중을 적절히 사용할 수 있다는 결론에 도달합니다. 따라서 동시통역 훈련의 이론적 근거로 활용하는 데에도 적합합니다.

언어연쇄

저는 수업 중에 서라운드 시스템(surround system)과 모노(mono)의 차이를 이야기하곤 합니다. 스스로가 느끼는 자신의 목소리는 용납할 수 있지만, 녹음된 소리에는 배신감을 느끼는 현상이 중단되지 않는 이유에 대한 설명이기도 합니다. 하지만 이를 언어연쇄라는 측면에서 본다면, 자신이 화자이면서 또 다른 청자라고 말할 수밖에 없는 부분이 있습니다.

즉 독백이 아니라면 꼭 청자의 존재가 필요하다는 뜻이 아니라, 독백도 스스로를 청자화시킨다는 말입니다. 소리의 변별을 훈련하면서, 언어연쇄와 동반되는 소리의 물리적인 현상을 간과할 수 없는 이유는 이런 언어연쇄가 곧 언어적 단계(말)이기 때문입니다.

말이라는 것이 순서에 입각해 구현되고 이해된다는 것은 상식적인 이야기이지만, 이를 도식적으로 설명한다면 다음과 같습니다.

두뇌활동의 결과가,	심리, 언어, 생리
두뇌활동의 일부인 운동신경에 의해,	생리
조음구조가 활동을 시작하고,	심리, 생리, 물리
귀환과 함께,	생리
공기를 진동시켜,	물리
상대의 귀를 자극하고,	물리, 생리
결국 상대의 두뇌에 전달된다.	생리, 언어, 심리

또한 이렇게 말하기도 합니다.

언어적 단계를 거쳐 발생한 의도가,
생리적 단계를 거쳐,
음향(물리)적 단계를 지나고,
또 다른 생리적 단계를 지나서,
청자의 언어적 단계에 도달한다.

따라서 모든 단계의 교수법은 정의된 각 단계에 적합하게 설계되어야 합니다.

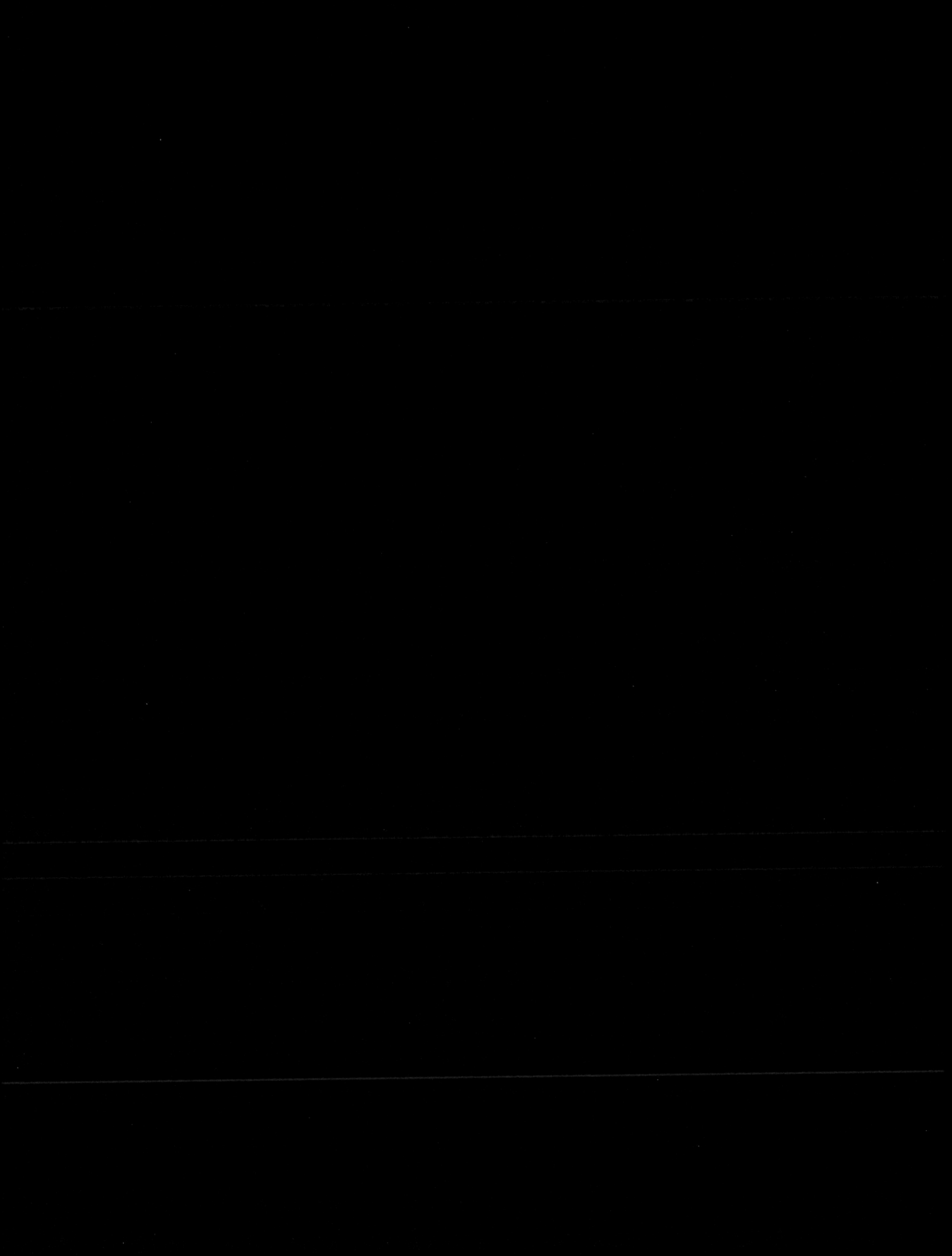